裏切りと嫉妬の「自民党抗争史」

浅川博忠

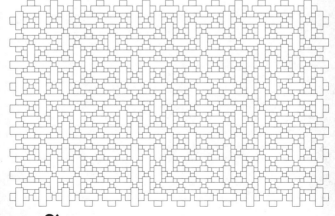

講談社＋α《プラスアルファ》文庫

まえがき

競争意識が組織を強くする

「あいつには絶対負けたくない！」

「なんとかして、あいつだけは蹴落《けお》としたい」

表面上はともかく、内心では常にこう思ってしまうのが、厳しい生存競争と出世競争にさらされている人々の宿命。組織社会の中で、その「あいつ」が自分を差し置いて早く出世したり脚光を浴びる立場に就けば、逆に強い嫉妬《しっと》心や敗北感を覚えざるを得ない。そして、この敗北は決して自分に非があったわけではないと、自分自身を慰めるのに躍起になる。

〝謙譲の美徳〟とか〝お行儀良く〟などと、上品なことを言ってはいられない。それが下品であるか否かは別にして、強烈な自己顕示欲を保持しつつ、生存競争に打ち勝たねばならない。それには自分がどこの派閥に属すれば有利かという打算も不可欠の条件だ。そして、そこから派閥同士の厳しい競争も発生する。

み、トータル面で組織を上昇させ、発展させていくのではなかろうか。

このような強大な競争意識こそが、結果的にその組織全体に大きなエネルギーを生

昭和二〇年八月一五日の終戦の日から七〇年余を経た今日。この間の四十余年間を筆者は政治ジャーナリストとして多数の有力政治家と接し、その時々の政治情勢や政局の動向をつぶさに観察してきた。

昭和三〇年秋に左右両派社会党が一体化され、巨大な野党第一党の社会党として存在感を高めると、当時の財界首脳人たちはその対抗策として、吉田自由党と鳩山日本民主党の〝保守合同〟による自由民主党（以下、自民党）結成を目論んだ。

自由党を率いてきたのは、外務省エリート官僚を経て政界入りし、最終的に首相に到達した吉田茂。対する日本民主党は、東京市会議員から中央政界入りした党人派の鳩山一郎が総裁の座にあった。

吉田はエリート官僚出身者こそが国家を運営する有資格者だという信念から、池田勇人《はやと》（大蔵省＝現財務省出身）、佐藤栄作（鉄道省＝現国土交通省出身）の両者を軸に、官僚出身政治家で形成する「吉田学校」のメンバーで、自民党主流派を作ろうと腐心する。他方、鳩山は河野《こうの》一郎、大野伴睦《ばんぼく》などの党人派議員こそが庶民生活を知る者た

ちであり、彼らを主流派にすべきだと主唱。自民党の歴史はスタートの段階から、官僚派と党人派の激しい抗争劇の中で展開されていく。

吉田　茂

松永安左ェ門

〝保守合同〟を達成させようと欲した有力財界人の一人が「電力の鬼」と呼ばれた松永安左ェ門。幸運にも筆者は青年時代の一一年間を松永から幾多の指導を受ける立場にあった。明治八年生まれで戦前は電力王として財界に君臨していた松永は、終戦の日に六九歳に達しながら「軍事戦争で日本はアメリカに負けたが、今後は経済戦争で勝てばよい」と決断。そして「そのためには戦時中に国営化されていた電力を民営化して自由競争させる必要がある。電力こそ経済発展のエネルギー源だ」と信じたという。そこで彼は七五歳前後の時に、電力は国の既得権益と信じて疑わない吉田首相に激しく抵抗、

「九分割民営化」を唱えて勝利を収めていた。

吉田と戦いつつ、松永は思った。

「民営化で経済再興を果たせても、保守政党が自由党と日本民主党の二つに分裂していては駄目だ。〝保守合同〟して強い保守与党を結成する必要がある」

吉田はアメリカ依存に立脚する軽軍備、経済優先を主軸にして昭和二六年九月にサンフランシスコ講和条約を締結。敗戦国・日本を独立国へと復帰させる。この功績によって彼は保守本流の開祖的政治家として高く評価された。そこで一段と〝官尊民卑〟の思いを吉田は強めるのだった。

他方、党人派を自負する鳩山も負けてはいられない。自民党初代総裁として首相に就任するや否や、当時の米ソ対立の冷戦時代に「それならば自分はソ連との国交回復をやってやる」と勇んでみせた。吉田への対抗心からである。だが、親米に走る財界は拒否反応を示し早期の鳩山退陣を要求。病身であったことも起因して、鳩山はたいした成果を挙げることなく二年間で首相辞任に追い込まれた。

こうした政治の流れを回顧して、松永は「官僚派議員が主流を占めたのは残念だったが、保守合同ができて良かった。これが高度経済成長を経ての戦後復興の源流だ」と後日語っている。

吉田茂vs.鳩山一郎

さて、自民党発足時の官僚派吉田と党人派鳩山の激しい対立劇。この背景には鳩山の次のような意識があった。

「中央政界人としては私のほうが吉田の先輩にあたる。本来なら吉田より私が先に首相を務めるはずだった。それがアメリカの意向でまずは吉田となった。この時、吉田は『とりあえず自分は短期を務め、極力早期にあなたに譲る』と私に約束した。ところが結局、通算七年二ヵ月もの長期にわたり首相の座に居座った。この間に再三再四、『そろそろ私に譲ってくれ』と要求したものの、吉田はこれをまったく無視し続けた。約束を破るのは政治家、いわんや首相として絶対に許されることではない」

鳩山一郎

政界において、この類《たぐ》いの約束を本気で信じるなど、あまりにうぶと言わざるを得ない。名門出身で、競争社会に身を置いた経験が乏しい鳩山の人の好《よ》さが裏目に出たとも言える。

お人好しは必然的に楽観主義に通じるもの

で、鳩山一郎↓威一郎《いいちろう》↓由紀夫、邦夫と続く家系には、このDNAが引き継がれているように見受けられる。邦夫は周辺のおだてに乗せられて東京都知事選挙に出馬したが惨敗。志半ばで平成二八年にこの世を去った。由紀夫は運良く首相になったものの、代替案を持たぬままに沖縄の普天間基地移設を「国外、最低でも県外」と広言して短期での退陣を余儀なくされている。

お坊ちゃん的要素が抜けない鳩山一郎に対し、吉田は、エリートたちが激しく鎬《しのぎ》を削る外務省でたっぷり鍛えられ、イギリス大使の座も摑んだ勝利者である。自分が生き抜くため、鳩山との約束を反故《ほご》にしたのは当然のことだった。

吉田・鳩山ともに東大出身の秀才であるが、どれだけ競争社会で生き抜いてきたかという点において両者には大きな違いがあり、それがその後の政治家人生を分けたのである。

通算七年二ヵ月に及ぶ長期政権を作った吉田と、二年で首相退陣を余儀なくされた鳩山。両者の勝敗は、その門下生たちの将来にも大きな影響を与えた。

「吉田学校」に属した池田と佐藤は、ともに首相に就任。池田は四年四ヵ月、続く佐藤は恩師・吉田を半年間上回る七年八ヵ月間に及ぶ長期政権を築いた。しかも、佐藤は退陣後にノーベル平和賞受賞の栄誉にも浴している。

鳩山の門下生、河野、大野の二人はどうなったか。

池田、佐藤両政権下での一二年間、絶えず自民党総裁の座を狙っていたが、ともにその野望は果たせなかった。そして佐藤内閣成立の五ヵ月前に大野が、八ヵ月後に河野が相前後して他界するのだが、二人とも「このまま死んでたまるか！」と無念の思いを込めて叫んだと伝えられている。

「歴史は勝者に都合よく作られる」と言ったのは大坂冬・夏の陣で豊臣氏側の淀君と豊臣秀頼を破った徳川家康だと言われる。まさにこの言葉どおり、池田・佐藤は戦後復興を果たした最大の功労者として名を残し、河野や大野はいわば反逆者的な立場として描かれることが多い。

筆者は前述の松永との縁もあって、池田、佐藤、河野らと直接言葉を交わす機会を何回か得たが、池田・佐藤の両者からは常に堂々とした貫禄と余裕を感じさせられたものだ。対する河野からは挑戦者というイメージを受ける場面が多く、彼は主役ではなく、強大な脇役に過ぎないという印象だった。

勝ち残った者だけが正義

門下生たちも巻き込んだ、自民党結成前後の官僚派・吉田茂vs.党人派・鳩山一郎の激しい抗争劇。これがあったからこそ、自民党には派閥抗争政治が常時継続され、派閥抗争そのものが大きなエネルギーになってきた。そのエネルギーによって、自民党は六〇年余に及ぶ長期的な政権与党として、今日まで君臨するに至っているとも言える。

つまり、冒頭に記した「あいつには絶対負けたくない！」という個々の政治家たちのライバル意識が、自民党という組織体を強大なものにしてきたのである。

自民党を形成してきた幾多のライバル抗争は、生々しい人間ドラマを生み出してきた。同志の離反、側近の裏切り、嘘、策略、そして嫉妬……。

勝ち残った者だけが正義となり、敗者には何も与えられない。

こうした観点に立脚し、今や〝一強〟状態にある自民党内の歴史的なライバル対決を記していくのが本書である。

これらの対立劇や抗争劇は決して自民党のみにとどまるものではなかろう。

読者各位が所属する企業や団体、あるいは部や課など、あらゆる組織体の中で、日々繰り返されているはずである。そういう意味で、本書が組織で生き抜く人々にとって参考になれば望外の喜びである。

本書の著者である浅川博忠氏は
平成二九年二月に逝去されました。
本書は浅川氏が生前に書かれた
文庫書きおろし作品です。

裏切りと嫉妬の「自民党抗争史」◎目次

第二章　池田勇人 vs. 佐藤栄作

第三章　河野一郎 vs. 佐藤栄作

第四章　田中角栄 vs.福田赳夫

第五章　大平正芳 vs.福田赳夫

第六章　田中角栄 vs. 竹下登

第七章　中曽根康弘 vs. 三木武夫

第一〇章　森喜朗 vs.三塚博、河野洋平 vs.加藤紘一

第一一章　野中広務 vs.小沢一郎

第一二章　小泉純一郎vs.橋本龍太郎

第一三章　安倍晋三vs.岸田文雄、石破茂、菅義偉

第一章

岸信介 VS. 佐藤栄作

兄貴よ、最後に
勝つのは俺だ！

優秀すぎる兄

自民党三代目総裁に収まり、昭和三二年（一九五七年）に首相に就任した岸信介《のぶすけ》は、いわゆる「六〇年（昭和三五年）安保闘争」で勇名をはせた。日米安全保障条約改定に激しく反対する社会党議員、総評などの労働組合、全学連らは同年五月から六月にかけて連日、国会議事堂周辺で激しいデモ活動を展開。そうしたなか、全学連メンバーで東大生の樺《かんば》美智子が警察隊との衝突で死亡し、マスコミや世論は強引な岸の手法に対して厳しい視線を向けるに至った。

激しい反対デモが続くなか、新安保条約の自然成立が数時間後に迫った六月一八日夜、一人の男が首相官邸に出向いた。岸の実弟にあたる佐藤栄作である。佐藤は、

「外に出るのは危険だ。ここで二人でブランデーを飲みましょうや。ここに反対デモ隊が侵入してきて殺されるのならば、首相として名誉になるのではないか」

と、岸を励ましたという。

「そのとおりだ。日米関係を強固にするのが日本外交の基軸なのだ。そのための日米安全保障条約改定に反対する連中は第三国に煽動されているだけさ。私たち二人の思いは決して間違っていない。信念を貫き通すことが大切だ」

「共産国家の勢力増大によって日本が脅かされないためには、本当は憲法第九条の条文を再検討するのが独立国家・日本には好ましいのではないか」

岸・佐藤兄弟は二人だけで話し合った。

しかし、第九条改憲は兄弟にはできなかった。後日、岸は孫にあたる当時七歳前後の安倍晋三に向かって、

「女子学生の死を受けて、首相の自分は死に体と化して総辞職を余儀なくされた。本題の改憲に手をつけられなかったのが残念無念だったのだ」

と何度も語りかけた。

岸　信介

「祖父の無念を晴らす」という一念で安倍晋三は政界入りし、首相に就任。改憲こそ、自分の最大の使命と考えていることは周知のとおりだ。

話を岸・佐藤の兄弟に戻そう。

岸は明治二九年一一月に山口県山口町（現山口市）で父・佐藤秀助、母・茂世の三男七女の次男として生まれる。兄・市郎は海軍中将、弟

が佐藤栄作。旧制一高を経て大正九年に東大法学部卒業。農商務省商務局に入省。一高入学前に養子先の岸姓に改姓している。

小学校から東大卒業に至るまでの学生時代は一心不乱に勉学に励み、抜群の成績だったので、誰もが真の秀才と認めてきた。

農商務省が農林省と商工省に分割されると、岸は商工省に進み、課長、部長、局長とスピード出世を果たす。しかし、「二・二六事件」勃発の昭和一一年に同省を退職、満州国実業部次長に転進して満州に渡る。ここでも、東条英機、星野直樹（国務院総務長官）、松岡洋右《ようすけ》（満鉄総裁）、鮎川義介《あいかわよしすけ》（満州重工業開発総裁）とともに「二キ三スケ」と並び称される活躍をして、昭和一四年に商工次官として帰国。二年後の一六年に小林一三商工大臣と経済新体制を巡って衝突、商工次官を辞任している。

この時、岸は過半の部下たちの辞表を取りまとめ、「私にはこれだけの賛同者がいるのだ」と小林大臣に迫り、大臣をタジタジとさせたとの逸話が残っている。それだけのケンカ上手であったのだ。

九ヵ月後の同年一〇月に東条内閣の商工大臣として入閣。次官に椎名悦三郎《しいなえつさぶろう》を選ぶ。翌昭和一七年四月に山口二区より衆議院議員に当選。商工省が軍需省に改組され、東条が軍需大臣を兼ねるようになると、岸がこれに反発。東条に歯向かうようになった。こうした人生街道を歩むうえで注目したいのは、絶えず岸は自信満々の心意気で上司や同僚と接し、衝突も辞さなかった事実である。名家出身で名門校を常に抜群の優等生として過ごし、「自分こそが正しい」という絶対的な確信があったからこそだろう。

中央政界入りを果たした直後から、岸は「これまでの経歴からして将来、自分は首相になる器だ」と信じて疑わなかった。筆者の友人にも東証一部上場の大手企業に入社する際、「自分はいずれ社長になれるはず。もし運が悪くても重役には絶対になれる」と豪語していた者がいた。そして事実、常務取締役まで出世していった。岸にせよ筆者の友人にせよ、この強い気迫と信念が周囲を圧倒し、結果的にポストを引き寄せるための道を開いていったと言える。

反旗を翻した弟

ただ、岸は傲岸不遜、ケンカ一辺倒の人物ではなかった。それを物語るエピソードがある。

終戦の日から一ヵ月を経た昭和二〇年九月、岸はA級戦犯容疑者の一人として巣鴨プリズンに拘束される。三年三ヵ月間の拘置を経て二三年一二月に釈放。岸の人生にとって初めてとも言える蹉跌《さてつ》の期間である。この間、彼の生活費の面倒を見たのは日本商工会議所会頭などを歴任した藤山愛一郎などの一部の財界人だった。藤山への恩義を忘れぬ岸は、後日首相となり「六〇年安保改定」に臨む際に、盟友として民間人の藤山を外相に登用している。

こうした彼の義理堅さは誉め賛えられる一方で、「岸は八方美人だ」とか「賛否両者の間を上手に渡り歩く〝両岸〟だ」との批判も生んだ。

いずれの見方が正しいかは別にして、ここに岸の頭の良さ、利口さが見え隠れしている。

田中角栄は首相になる前、筆者と二人きりの席でこう語っていた。

「味方を増やそうとする以前に、まず敵を作らぬように工夫することが大事なのだ」

まさしくそのとおりなのであろう。

釈放後の岸は「首相になるのに重要なことは大勢の政官財界人と会うことだ。それには都心で交通の便の良い所に住み、気軽に訪問者が立ち寄れるようにする必要がある」と思い、東京・渋谷区の南平台に住むことにする。

政界復帰した岸は「保守勢力が吉田の自由党と鳩山の日本自由党に分裂しているのは好ましくないから、政界再編が急務だ」と考え、日本再建連盟を立ち上げ、顧問

(のちに会長)に就任。だが、昭和二七年の総選挙で惨敗すると、吉田自由党で幹事長を務めていた弟・佐藤栄作の薦めもあって自由党入りした。

本音ではさらなる新党結成も目論んでいた岸だが、佐藤はこう言って兄にストップをかけていた。

「新党結成には莫大なカネが必要だ。まずは吉田自由党に入党してしばらく様子を見るべきだ」

このアドバイスに一度は「三年余も巣鴨プリズンにいて最近の政治動向が充分に解らないから弟の言葉に従おう」と決めた岸。だが、吉田を身近で見聞するにつれて、「多数の人々の意見を尊重するのが真の政治なのに……」と、ワンマン吉田への反発心を強めるに至る。それからまもなくして、吉田にとって明らかに邪魔な存在になっていった岸は、昭和二九年一一月に石橋湛山《たんざん》と共に自由党を除名される。

佐藤栄作

岸に殉じようとしたのは川島正次郎《しょうじろう》、赤城《あかぎ》宗徳《むねのり》ら一四人で、彼らは自由党を脱党して岸と行動を共にすることになる。だが、その中に、当然付いてきてくれるものと信じていた弟・佐藤栄作の名はなかった。

佐藤はすでに自由党の実力者として、政界では兄の先を行っていたのである。

岸は新党結成に向け、矢継ぎ早に動いた。改進党総裁の重光葵《まもる》をはじめ、三木武夫、中曽根康弘らと次々に会い、一気に流れを決めようと急ぐ。その背景には、ここで新党結成の立て役者となって、実弟・佐藤に追いつき、追い越したいという思いもあった。弟への嫉妬と焦りが岸を突き動かしたのである。

「A級戦犯容疑で巣鴨プリズンに入れられるまでは、少年時代からずっと自分が弟を数歩リードする人生を歩んできた。それなのに今は吉田政権の最有力政治家として弟が権力をふるっている。自由党にいる限り、ずっと弟の風下に立たされ続けるだけだ」

岸の当時の思いを代弁すれば、こんなところだろう。つまり「あいつには絶対負けたくない！」の「あいつ」とは岸にとって実弟であり、その嫉妬こそが彼を後日、弟より先に首相の座に到達させる重要な出発点になっているのだ。

ともあれ、この時点における岸の焦りは相当なものだった。

吉田自由党から除名された岸は、昭和二九年一一月に鳩山一郎を総裁とする日本民主党を結成し、党ナンバー2の幹事長に就任。これを受け吉田は自らの内閣を総辞職して後任の自由党総裁に緒方竹虎を決める。ここに政界は吉田と鳩山の対立時代から、次世代の岸－緒方対決時代へと移行したのだった。

こうなると穏やかでいられないのが、吉田の下で「保守本流」を歩んできたと自任する弟の佐藤栄作である。そもそも、兄が一高から東大に進学したのに対し、佐藤は一高入学が叶わず、五高から東大に進学。一高に入学できなかった事実は、彼にとって「兄には敵わない」という、一種のコンプレックスとして残っていた。それを払拭《ふっしょく》できたのが、政界では兄より自分のほうが本流にいるという確信だった。

だが、その確信そのものが揺らいでいる。

佐藤が激しい嫉妬心を押し殺して、兄がやろうとしている政界再編について意見しても、岸は「そうさ、自分は保守傍流の一員だ」と堂々と開き直ってみせる。その余裕がまた、兄の自信に満ちた人生街道を象徴しているように映る。

しかも、岸は確固たる自信に加えて、一種の運の強さも持っていた。好敵手となるはずの緒方を始めとして、重光などの競争相手が永眠して次々と消えていったのだ。

後継指名の難しさ

同じ血を分けた兄弟とはいえ、岸と佐藤では性格的に異なるところがあった。

総じて記すならば、岸は楽観主義者である。六〇年安保改定審議の国会論戦の中で社会党などの野党陣営から次々と厳しい質問を受け、その答弁の際には苦々しい表情を見せることもしばしばだった岸。ところが審議が休憩となり、委員会室から廊下に一歩出た途端に鼻歌を唄いながら平然と闊歩《かっぽ》する。あるいは「国会周辺に多数の反対デモ隊がいるのだ！」と責められても、「その時間には後楽園球場は満員の観客がいるではないか」と悠然と切り返す。

一方、佐藤は首相となってからも、国会で嫌な質問を受けた日の夜などには、それを忘れるため、たった一人で自宅の自室でトランプ占いに興じることが多かったと伝えられている。

〝八方美人〟〝両岸〟の性格で人間関係を広げていく岸に対して、佐藤はどちらかといえば孤独を好んだ。

こんな話がある。

佐藤は、国会内の首相室でも待ち時間には一人で大相撲中継をテレビ観戦していることが多かった。そこに偶然、福田（赳夫《たけお》）派の中村寅太《とらた》が訪ねてきた。佐藤は「一緒に観るか」と一言発しただけで、後はまるで中村が部屋の中に存在しないかのように無言を続けたという。

また、楽観主義の岸は華やかさを好むのに対して、佐藤はあくまでも地味好み、自己PRや手柄をアピールするのも不得手だった。

ただし、この地味さが政界では吉と出た。寡黙で浮《うわ》ついたところがない性格が、佐藤に〝大物感〟を与えた面もあるからだ。的確な引用ではないかも知れぬが、「雄弁は銀、沈黙は金」といったところだろう。

佐藤の〝大物感〟に魅せられて彼に近づいたのが、若き田中角栄と福田赳夫であった。高等小学校卒の叩き上げである田中と、佐藤と同じく東大卒－エリート官僚出身の福田は、のちに「角福戦争」と呼ばれる抗争を繰り広げるが、その詳細は第四章に譲り、ここでは佐藤が両者のライバル意識をくすぐりながら、いかに自身の延命のために利用したかについて見ておきたい。こうした人心掌握術は、岸にはないものだったからだ。

岸は昭和三五年七月に退陣したが、岸派が福田派、川島（正次郎）派、藤山（愛一郎）派に分裂してしまったように、後継問題を上手に操ることができなかった。実際、安保騒動で政権が次第に窮地に立たされるにつれて、福田や川島は半ば岸を無視するようになり、逆に岸を振り回す存在へとなっていく。結果的に岸派の正統後継者になった福田は、岸への恩義をさほど感じる様子もなく、「自力で戦い取った」という思いが支配するのみだった。

いつの時代も、後継者対策が組織体のトップにとってきわめて重要事項となるのは当然の話である。

社長が後継者を巧く指名すれば、「その代わりに自分を代表権のある取締役会長に据えろ」といった条件を出して、引き続き自らの権力を社内に継続させることが可能になる。しかし下手な対応をすれば、後継社長は何ら遠慮することなく、前社長を代表権のない相談役などに追いやってしまう。

その点、佐藤は実に巧妙だった。

岸の後、池田勇人内閣を挟んで、佐藤は昭和三九年一一月に首相に就任した。佐藤の首相就任前後には、ライバルと目されていた大野伴睦、河野一郎が相次いで他界しており、このあたりの強運は兄とも似ていた。

それはともかく、佐藤から見れば資金工作をしてくれる田中は、重宝な存在であっても、決してそれ以上のものではない。心情的には大学の後輩にあたり、大蔵省に身を置いていた福田に親近感を覚えていた。普通の政治家ならば必然的に福田を重用するのだろうが、佐藤は決してそうはしない。

田中を党幹部に据える時には福田を内閣の主要閣僚に、次の改造人事ではその逆にといった具合に、絶えず互角の状態で二人を競わせ続けたのだった。「戦争」とまで評されるほど、両者を過度に競わせた狙いは、佐藤自身の延命をはかることにあった。

「自分こそが、ポスト佐藤の本命に！」と願う田中と福田は、躍起になって佐藤への忠誠心をアピールする。この二人の上に上手に乗っていれば、否が応でも佐藤政権は長期化していくわけだ。

佐藤は昭和四一年の自民党総裁選で二選を果たし、四三年には三選を果たした。この間、「兄貴は約三年五ヵ月に及ぶ一二四一日間、首相の座にいた。この期間以上、首相を務めれば自分が終局的に兄貴に勝つことになる。少年時代はともかくとして最終的には自分が勝てるのだ。まさしく〝ウサギと亀〟の話に通じるものだ」と思っていたはずだ。そして、兄の首相在任期間を抜いた後も、兄との差を決定的なものにしようとするかのように、四五年の総裁選での四選を目論み、着々と出馬準備を進めていく。

カミソリと大刀の闘い

この時、岸と佐藤の両者は真っ正面から対立している。

岸が佐藤の四選に待ったをかけたのである。

「福田クンが次期首相候補として充分な器に育ってきている。今回で福田クンに譲らずに次回にすれば、福田クンより十余歳若い田中角栄が有利になってくる。やはり世代交代は必要なのだから、四選を求めずにここで福田クンに代わるべきだ」

佐藤にすれば〝まさか兄貴が反対するなんて〟と後方（味方）から鉄砲玉を撃たれたような怒りを覚えたことだろう。

しかし、佐藤には秘策があった。岸が六〇年安保改定で親米家首相になったのを見習い、佐藤は沖縄の日本返還をアメリカに求め、「沖縄が返還される日を見届けるまで首相でいる責任が自分にはある」と述べたのである。そして、兄の反対を押し切った以上、絶対に四選を果たすと決意を新たにする。岸の発言は逆効果にしかならなかった。

無事、四選を果たした佐藤の政権は合計二七九八日、戦後最長の七年八ヵ月に及んだ。

佐藤は、兄と自分を比較して、こう語っている。

「少年時代、我々は共に秀才と親戚筋から賛えられてきた。岸はピカピカ光る切れ味の鋭いカミソリと言われたのに対し、自分は少々サビついている大刀と喩《たと》えられた。

これを武器にして戦えば、たとえ少々サビていても大刀のほうが有利になろう」

岸、佐藤の両政権を合算すると四〇三九日間、約一一年一ヵ月間に達する。

山口県の名門に生まれ、卓越した能力を保持する兄弟が、「長州（山口）は明治維新を成就させたエリートの地。将来は自分たちもそのような地位に就く」という立身出世思考を抱いた。その二人の強烈なライバル意識が、戦後の日本の復興成長期にあって、一一年余もの長きにわたる国家運営につながった事実は特筆ものであろう。

この章の締めくくりに、岸・佐藤兄弟の「その後」を見ておこう。

佐藤は首相を辞して三年後の昭和五〇年六月に永眠。岸は長命で、静岡・御殿場で富士山をながめながら悠々自適の余生を送り、六二年八月に他界している。

岸の選挙区での後継者は長女・洋子の婿で東大を出て毎日新聞政治部記者だった安倍晋太郎。早期から「のちの首相候補」として〝安竹宮〟と呼称され、竹下登、宮沢喜一と共に注目される器であった。残念ながら義父の後を継いで首相になる夢は叶わなかったが、その息子・安倍晋三がリベンジを果たした。

佐藤の地盤は次男の信二が継いだ。慶応大学を卒業、日本鋼管に入社し課長職の時に父の後を継いで政界入り。筆者にとっては母校の先輩にあたる関係で、しばしば懇談する機会があったが、どちらかというと政界での諸々の事項には淡白だった。マイ・カーの運転を好み「昨日はどこどこまで行ってきた」との類いの話をよく聞かされたものだった。この性格に起因してか、郵政解散を機に政界引退。平成二八年五月にこの世を去った。現在は選挙区に佐藤の地盤や後援会はまったく存在していない。

第二章

池田勇人VS.佐藤栄作

高校の同級生が演じた「ニッカ、サントリー、オールドパー」の泥仕合

京大法学部と東大法学部の争い

前章で記したように、首相在任日数で兄・岸信介を抜いた佐藤栄作だが、佐藤には兄の他にもう一人、強力なライバルがいた。

高校の同期生であり、政治家としても「吉田学校」で、佐藤と並んで吉田茂から寵愛《ちょうあい》を受けた池田勇人である。

池田は明治三二年一二月に広島県豊田郡吉名村（現竹原市）で父・吾一郎、母・うめの次男として生まれる。広島県立の中学校を経て熊本県にある第五高等学校から京都大学法学部に進み、大正一四年三月に同大学を卒業して大蔵省に入省。世間的に見れば、紛れもないエリートコースということになろう。

しかし、入省先が大蔵省となると決してそうは評せない。複数ある省庁の中でもとりわけ名門にあたる同省には、東大法学部出身の成績優秀者が競って入省してくる。東大法学部にあらずんば、人にあらずといった風情である。京大卒の池田は、入省早々にこの現実を痛感させられることになる。

二年余の銀行局勤務を経て、最初の赴任先は函館税務署の署長。東大法出身者ならば東京、大阪、名古屋などの大都市周辺になるのが通例だったから、自分が「傍流」

であることをイヤでも意識させられる赴任先だった。それでも、二七歳で伯爵・広沢金次郎の三女・直子と結婚し、赴任先も東京に近い栃木県の宇都宮税務署長になるころには、大蔵省でそれなりに生き抜いていけるという自信らしきものも芽生えていたはずだ。

ところが、劣等感解消の日々は長くは続かなかった。翌年に落葉状天疱瘡《てんぽうそう》の病身となり二年間の休職。この間に愛妻・直子が狭心症で死去するという不運が続く。入省同期生は順調に出世し、後輩にも追い抜かれていくなかで、鬱々とした日々を過ごしている。

こうした逆境が人間を強くすることがある。昭和九年一二月、三四歳でようやく大蔵省に復職した池田は大阪・玉造《たまつくり》税務署長に就任。さらに翌年には入院中に看護師として世話になった大貫満枝と再婚を果たす。このあたりから徐々に省内でも池田の名前は知られるようになっていき、大蔵省のエリートコースである主計局ラインには乗れないものの、主税局長にまで栄進。しかも、昭和二〇年の終戦により同省トップ幹部たちが皆、戦犯追放されたため、思いもかけない形で事務次官に上り詰めた。

二三年に退官して翌二四年一月に郷里から衆院選挙に初出馬して初当選を飾る。そして翌月の二月には第三次吉田内閣でいきなり大蔵大臣に抜擢されている。

古巣の大蔵省に、今度は大臣として錦を飾ったのである。

大蔵省エリートの自負

一方、一高進学が叶わず、はからずも五高で池田の同期生となった佐藤。大学こそ東大法学部に進んだが、入省したのは鉄道省（のちの運輸省）である。

この時点では、傍流とはいえ大蔵省に入省した池田との差は歴然としていたが、秘めたる闘志をもって、運輸事務次官にまで到達する。

池田大蔵事務次官と佐藤運輸事務次官の二人は、霞が関の次官会議を牛耳る存在だったという。その両者の活躍ぶりに目をつけたのが、時の首相、吉田茂だった。

政界入り直後の池田を蔵相に、佐藤を党幹事長にと破格の抜擢をする。池田は財政の件で佐藤に相談し、逆に佐藤は党運営のことで池田のアドバイスを受ける親密な仲となった。佐藤が体調を崩して四～五日間党務を休むと、池田は即座に佐藤私邸まで病気見舞いに出向いたりもしている。

〝保守合同〟前のこの時期、吉田は「エリート官僚出身者こそが中心となって国の運営を行うべきだ」という強い信念のもと、党人派の鳩山一郎とライバル争いを演じていた。そこで、白羽の矢を立てた二人に「それぞれ、官僚の中から優秀な奴を見つけて政界入りするように働きかけてくれ」と命じる。その命に従い、池田は前尾繁三《しげさぶ》郎《ろう》、大平正芳《まさよし》、宮沢喜一、黒金泰美《くろがねやすみ》などの大蔵省の後輩たちを政界にリクルート。佐藤も、同じく大蔵省出身の福田赳夫を政界入りさせている。

この実績も手伝い、池田と佐藤は保守本流「吉田学校」の超優等生として肩を並べることとなった。

こうなると今度は必然的に「自分が相手よりも吉田の信頼を得よう」と欲する競争心が芽生えてくる。

吉田はどちらかと言えば、佐藤より池田のほうに重きを置いていたようだ。そこには「鉄道省よりも大蔵省が格上であり、しかも佐藤の兄・岸は自分に反旗を翻した男だ」という思いがあった。

トップのこうした思いは、必ず部下に伝わるものだ。

大蔵大臣当時の池田は、一種の安心感も手伝い、「貧乏人は麦を食えばよい」とか「中小企業の一つ、二つが潰れるのは止むを得ない」などの暴言、失言の類いを発し、せっかくの優位を自ら帳消しにしてしまっている。人はとかく得意絶頂の時に限って、過信や油断、心のおごりで、思わぬ失態を招くものだ。

本書の趣旨とは異なるため長くは述べないが、昨今の〝一強〟時代の自民党議員を見ていると、当時の池田のような過信や油断が感じられてならない。

岸退陣後の昭和三五年七月、自民党総裁選挙で池田は党人派の石井光次郎《みつじろう》や藤山愛一郎を破って勝利。この時、佐藤は池田勝利のために票の取りまとめに動くなど、裏方に徹している。池田の次は自分という計算があってのことだろうが、その胸中は複雑なものだったに違いない。

首相に就任した池田は、スタート直後から拍手喝采を浴びた。「岸は六〇年安保騒動で退陣を余儀なくされた。いまは国民の目を、外交から経済に転換させるのが得策」と計算し、

「皆さんの月給は一〇年間のうちに二倍になります。この池田が約束します」

と記者会見で声高に語ってみせたからである。

この「所得倍増計画」は国民だけでなく、財界首脳にも大歓迎され、小林中《あたる》、桜田武、永野重雄、水野成夫《しげお》の〝財界四天王〟を主軸とする池田応援団を筆頭に、十指に余る支援の会が次々と結成される。

こうした反応に気を良くした池田は、「私は芸者のいる待合には行かない。ゴルフにも行かない」と続けたうえで、「私はウソをつきません。寛容と忍耐の政治に徹し

ます」と語り、さらに人気上昇をはかるのだった。池田のこの低姿勢ぶりを見て、社会党幹部は「高飛車な岸は攻めやすかったが、地を這うように低姿勢の池田は攻めにくくて困る」と嘆息するのだった。

財界大物の一人、松永安左ェ門も筆者にこう語ったものだ。

「池田は芸者の来ない料理屋で、ワシともしばしば会ってアドバイスを求めてきた。〝ハイ、ハイ〟と返事をしながら、いろいろと参考にしてくれたものだ」

「ワシは元来、官僚嫌いで吉田、岸、佐藤たちとは敢えてこちらから接触しなかったが、時折失言したりしてソツのある池田だけは別であり、飯を食ったりして懇談するのが楽しかった。岸や佐藤は逆にソツがない優等生だから会う気もしなかったのさ」

財界有力者たちがどんどん首相の池田の元へと集まっていくのを見て、佐藤は心穏やかではなくなり、次第に焦りの気持ちに駆られてくる。

——この様子だと池田政権は長期化して、自分の出番はなくなるのではないか？池田は自分を飛ばして、直系の前尾や大平に禅譲してしまうのではないか？

そこで佐藤は本来ならば言ってはならないようなセリフを吐いて、挽回をはかろうとする。

「財界人の皆さんのほとんどは、私と同じ東大出身でしょう。何も京大卒業の政治家のご機嫌取りをする必要はないでしょう。ぜひとも、私を囲む勉強会を作ってください」

なりふり構わぬ懇願だったが、「時の権力者（首相）に絶えず接近する」のが財界である。佐藤の懇願は、軽視されるか無視されるかで、何の効果もなかった。むしろ、佐藤は「なぜ、こうまで冷遇されるのか」「池田とはもはや五高同期の友達ではない。絶対に負けたくないライバル関係にあるだけだ」と、池田への反発心を一段と強めるに至った。

だが、池田は余裕綽々《しやくしやく》である。

企業にせよ、その中の個々の派閥にせよ、皆一つの目標に向かって努力を続け、ナンバーワンの道を目指すものだ。この過程の間は良いのだが、問題はその目標を達成した時に最善な次の目標を新たに定められるか否かにある。これが定められていないと、権力は瞬時にして堕落や腐敗に向かう。

池田は、このことを充分に承知していた。

「首相就任当初は経済を優先したが、いつまでも外交が不得手と思っていては駄目だ。吉田さんにならって親米家になるには、やはり訪米するべきだ」

そう決断した池田は昭和三六年六月に渡米。その直前まで「ケネディ大統領というのはすごいヤリ手らしいなあ。やり込められて恥をかかされるのではないか」と不安になったり、逆に「よくよく考えてみれば、ケネディは自分よりはるかに若い。人生経験の多さでは自分が有利のはず」と自分を励ましたりして、初の日米首脳会談に臨んでいる。

その日米首脳会談の席上、ケネディは日本に対して貿易自由化促進を要請する一方で、当時はアメリカに占領されていた沖縄での「日の丸」国旗掲揚を認めている。これは池田が要求したものである。そして、これこそが沖縄返還交渉の入り口となり、佐藤による沖縄返還実現と、それを理由とした長期政権を生み出すことにつながるのだ。

嫉妬心を利用する

帰国後の池田は党・内閣の改造人事を断行。党には大野副総裁、前尾幹事長、赤城総務会長、田中政調会長。内閣には河野農林相、佐藤通商産業相、藤山経済企画庁長官、川島行政管理庁長官、三木科学技術庁長官を入閣させ、各派領袖を取り込む実力派内閣を組閣した。

池田の狙いは、佐藤通産相と河野農林相を、ポスト池田のライバルとして競わせる

池田（前列左から２人目）内閣で通産相に就任した佐藤（池田の右隣）

ことだった。もともと党人派の河野だが、この時期は池田に上手に接近して、本来ならば本命である佐藤を脅かす存在へと急浮上していた。河野の一連の動きを池田は内心で歓迎し、敢えて閣内で鎬を削らせようとしたのだ。

佐藤にすれば、不快極まりない出来事だったに違いない。やがて佐藤は、岸と組み、反池田グループの結成を目論むようになるが、それはもう少し先の話だ。

まず、佐藤は池田に二人だけの会談を求めた。

「次期総裁選挙は、自分（佐藤）に出馬してほしいという派内の希望が高まってきている。この事実を考慮して、いずれ河野を切り捨ててほしい」

これは池田に、自分への禅譲を要求するのも同然の内容だった。だが、池田は佐藤の言葉を聞いて、「自分（池田）がもう一期、総理総裁を務めたいと言えば、佐藤は立候補しないだろう」と判断する。

結果的に、二人だけの会談は完全な行き違いを示しただけだった。

ところで、池田が唱えた「所得倍増計画」は財界、国民からの強い支持のもと、高度経済成長を作りあげ、日本は戦後から完全に復興した。だが、その成長もやがて頭打ちとなってくる。そこで池田は松永ら親しい財界人と相談して、新たに「人づくり・国づくり」政策を打ち出すことにした。

昭和三七年七月の自民党総裁選挙で圧勝した池田は、実質的にワンマン体制に近い指導力を発揮して、「人づくり・国づくり」政策に着手する。ところが、昭和三九年秋の東京オリンピック開催決定が、徐々に池田の運命を変えていくのだった。

オリンピック決定で張り切ったのは、池田再選後の組閣で建設大臣に転じていた河野である。関係競技場や施設の建設・完成に向けて、行動力を十二分に発揮。国民間での河野人気も急速に高まってくる。河野本人もポスト池田の本命は自分だという意識を隠さないようになる。

同じ閣内にいながら、通産相から北海道開発庁長官・科技庁長官に「格下げ」となっていた佐藤は面白くない。

「池田が河野を重用するからこうなるのだ。やはり、池田は自分を潰して河野に禅譲する気ではなかろうか」

東京オリンピック開催年の昭和三九年正月。池田は食欲がすすまぬような生気のない新年を迎えた。

「佐藤を筆頭に自分から離れていこうとする政官財界人が増えてきているような気がしてならない。残るは国民による内閣支持率だけで、これにも見放されたら救いようがなくなってしまうなあ」

元来、強気な池田がそう漏らし、すっかり弱気になっている。端から見れば、池田政権に大きな問題は見られない。ただ、この年の七月には自民党総裁選挙が待ち受けている。自分には三選を目指して出馬する権利があると信じているが、佐藤の動向が気になって仕方がない。これが最高位に位置する人のみが実感する孤独というものなのだろうか……。

そして、総裁選まで残り二ヵ月を切った五月。このころには池田と佐藤は直接二人だけで会う機会さえない冷えた関係になっていた。そこで佐藤派の田中角栄と池田派の大平正芳は「二人が直接、池田三選について話し合えないならば、せめて電話での会談をセットしよう」と協議。これに応じて、佐藤は池田に電話する。

「自分は七月に出馬するつもりだが、貴君と正面から戦うのは避けたいので、禅譲を頼む」

「政権の私物化なんて決して許されるものではない」

この会話を伝聞した田中は「やはり永年のライバルだな。妥協なしの直接対決か」とつぶやいたという。

ニッカ、サントリー、オールドパー

総裁選挙は七月一〇日に決定。その直前に佐藤は閣僚を辞し、同様に出馬を表明していた藤山愛一郎も党役員を辞任。佐藤は藤山と会い、「どちらが勝っても協力し合う約束をしましょう。池田三選だけは絶対に阻止しましょう」と頭を下げる。

この時点で池田を支持するのは河野派、川島派、旧大野派と池田派。佐藤支持は岸・福田派と佐藤派。藤山派は藤山支持。石井派と三木派は中立で様子見。池田派と佐藤派は中立派や他派の一本釣りを激しく展開する。

いわゆる「ニッカ、サントリー、オールドパー」のウイスキーをもじった現金やポスト配給に関する事前約束の激戦である。ご存じない読者のために説明すれば、「ニッカ、サントリー、オールドパー」とは、池田、佐藤、藤山三候補のうちの二陣営からカネを受け取るのがニッカ。三陣営すべてから受け取るのがサントリー。いずれからも受け取りながら、どこにも投票しないのをオールドパーと称した。

はたして結果は、池田二四二票、佐藤一六〇票、藤山七二票で池田三選が決定。池田と佐藤の両エリートが、このような前代未聞のカネまみれの総裁選挙を演じたことは、日本政治に大きな恥の歴史を残した。

予想以上の大差で敗北を喫した佐藤は、

「二〇票差ぐらいの接戦となれば、決選投票で藤山票を加えて逆転勝ちできると思っていたのに……」

と口惜しがった。

一方、池田は「あぶなかったなぁ」と苦々しい表情で語る。池田派の長老格、松村謙三は「一輪咲いても花は花ですよ」と池田を慰めた。これに気を取り直したのか、池田は総裁選後、行きつけの新橋の料亭「栄家」に寄り、自らの人生を回顧させるような歌詞ゆえにお気に入りの「旅の夜風」を独特のシワガレ声で歌うのだった。

その後、デザートに寒天が出てくると、池田は「これは喉の通りが良いから食べやすい」と言ったという。同席していた秘書は「あれ!」と思い、嫌な予感がした……。

実はこのころから喉のガンが密かに進行していたのだ。

総裁選挙で三選を決めたわずか二ヵ月後の九月九日、池田は喉周辺に前ガン状態の疑いがあるとの理由でがんセンターに入院。一〇月一〇日の東京オリンピック開会式には入院先から出席している。そして、オリンピック閉会翌日の一〇月二五日に病室で退陣表明した。

この時、自民党副総裁の川島正次郎と幹事長の三木武夫は、すぐさま池田の病室を訪ねている。池田に後継首相を指名してもらうためである。川島、三木ともに党人派であり、河野は同じ党人派として、自分が指名されるのを期待したのだが、池田の口から河野の名前が出ることはなかった。といって、佐藤が指名されたわけでもない。池田は自ら後継を指名するのを嫌ったというより、佐藤にするか河野にするか、両者に各々義理があるので迷っていたのだ。

見かねた川島と三木は、「佐藤は今夏の総裁選挙で二位の実績がある」との理由付けで佐藤にすべきと決断。一一月九日に〝池田が佐藤を指名した〟という形で公式発表した。

佐藤は池田内閣・党三役の全員を留任させ、同日に自らの政権を発足させる。このニュースを病室のテレビで見ていた池田は、

「よかった。若いころから一緒に歩んできた佐藤クンのほうが、自分はやりやすい」と、しんみりとした口調で語ったという。

佐藤も「自分が池田内閣に婿入りしたようなものだ」との表現で喜びを伝え、さらにこう続けた。

「池田とはライバル関係にあると昔から言われ続けてきたが、実際には彼のほうが兄貴分的な存在だったのだ」

美談めいたやりとりで佐藤政権が誕生した翌年の昭和四〇年七月八日、ポスト池田を争った河野は「このまま死んでたまるか！」という無念の言葉を残して死去。わずか一ヵ月後の八月一三日には、池田も六五歳八ヵ月の生涯を閉じ、同月一七日に東京・九段の日本武道館で、佐藤を葬儀委員長とする自民党葬で送られた。

人事の妙

首相就任後の佐藤は、まず訪米することを決める。アイゼンハワーとの親交ぶりを示した兄・岸や、ケネディとなごやかに会談したライバルの池田に対抗する気持ちもあったのだろう。しかし、アメリカのジョンソン大統領は「自分は多忙なのに一体、何をしにくるのか」と冷たい反応しか示さない。

そこで椎名悦三郎外相と「訪米の目的を何にするか」を相談。その椎名と三木幹事長を伴って日米首脳会談に臨み、

「沖縄と小笠原を一日も早く日本に返還してほしい」

とジョンソンに真っ正面から伝えた。

これに対し、ジョンソンは「中国やベトナム問題を抱えているので、沖縄も小笠原も重要な米国基地になっている」と厳しい表情で答える。この言葉の解釈が、粘り強い性格の佐藤らしい。

「ということは中国、ベトナム問題が解決すれば返還するということだ」

沖縄返還が実現するのは、それから七年後のことである。

その年(昭和四〇年)六月、佐藤は「通常国会を終えたのだから、池田の婿養子的な人事を自分のものに変えよう」という思いで改造人事に臨んでいる。

各派の実力者を揃える挙党体制で、マスコミ各社は「人事の佐藤」と誉めたたえたものだが、池田、河野のライバル派閥を非主流派に追いやることも忘れなかった。

この改造人事が七年八ヵ月間の長期政権への出発点になっていく。

佐藤が長期政権を誇示できた原因として、人事の他に、彼の情報管理の際立った巧さを挙げておきたい。

ライバル・池田は佐藤とは対照的に、暴言や失言を何度か発しピンチに立たされていた。こうした姿を見ていた佐藤は、自らの慎重な性格も相まって、自分に不利益になるような情報は絶対に口外しないように腐心した。同時に他の多くの情報も極力、不用意に出ないように絶えず努力していた。いつも佐藤周辺に密着している番記者たちからは「(佐藤の自宅のある東京・世田谷の)淡島に特ダネなし」と言われたものである。

情報流出に細心の注意を払う佐藤だが、一方で情報収集に関しては目立たぬように幅広なアンテナを張っていた。たとえば、A議員が佐藤に反発を強めていたとする。佐藤は国会議事堂内の廊下でAとすれ違いざま、

「やあー、Aさん、一昨日の夜は赤坂の某料亭で芸者のBさんと遅くまで一緒に楽しまれていたとか……」

と不意を突くように一言小声でささやいてみせたりするのである。この情報の入手先が料亭の女将か下足番であるかは定かではないが、内容は事実だ。A議員は驚くと同時に、佐藤に対する反発を弱め、協力せざるを得なくなっていく。

田中角栄も料亭に行くと、女将や下足番にチップをバラまくことで知られたが、その手法は師匠である佐藤から学んだものだという。

第三章
河野一郎 vs.佐藤栄作

「格下」だと思って
ナメるなよ！

悲運の政治家

安倍晋三内閣で国家公安委員長のポストを務めた河野太郎。その実父の洋平は自民党総裁の職にありながら首相の座に到達できなかった第一号。谷垣禎一《さだかず》が第二号になっている。また、太郎の祖父・一郎も総理総裁の座を目前にしながら、その願いを成就できなかった悲劇の政治家に数えられる。

河野一郎は明治三一年六月二日に父・治平と母・タミの次男として誕生（長男は生後すぐに死去）。治平は東京帝大卒業後に地方議員を経て、最後は神奈川県議会の議長になっており、一郎の弟・謙三ものちに参議院議長を務めた。いわば政界の名門である。

名門一家の後継ぎで、少年時代は病弱気味だったこともあり、河野は両親や親戚から常に「一郎さん」と呼ばれて大切に育てられてきたという。河野自身、少年期を振り返って、こう述懐している。

「ああいう育てられ方をしたので、自分は自己中心的な性格になってしまったのかも知れない。だから、政界でも個性的であくが強いと見られたのだろう」

これまでの章で見てきたとおり、兄の岸に対してコンプレックスを抱きながら成長してきた佐藤とは、成長過程が大きく異なっている。

地元の小田原中学を経て早稲田大学政経学科に入学した河野だが、勉学には興味を持たずに競走部でのマラソン活動に熱中し、主将を務めることになる。本人は「お蔭で健康体になったし精神面でも忍耐強くなった」と回顧したものだ。晩年の彼の姿を見るにつけ、筆者の目にはさほど忍耐強いとは思われなかったのだが……。

大正一二年に早稲田大学を卒業して朝日新聞社の入社試験を受けるが不合格。その後、縁者を頼って縁故採用で同社にもぐりこんだ。入社後八年が過ぎると新聞記者よりも政治家になったほうが面白いと思い、代議士秘書に転身。昭和七年に三三歳で初出馬して当選している。

名門出身とはいえ、佐藤などと比べればエリートとは言い難い河野はこの時、「こんな自分が当選できたのは先輩後輩、友人などから熱心に応援していただいたからに他ならない。この人間関係や絆こそが自分にとっての大切な財産なのだ」と痛感したという。

三三歳での中央政界入りは幸運だったが、その後の河野は立て続けに悲運に見舞われることになる。

私生活では長男が、可愛い盛りの五歳で病死。政治家としても昭和一一年の総選挙で河野自身が買収容疑で逮捕された。しかも、その際の厳しい取り調べで三人の支援者が自殺を図り、一人が亡くなっている。「こうした犠牲者のためにも自分は頑張るんだと言い聞かせて今日に至った」と、実力政治家と評されるようになったころの河野は神妙な表情で語っている。

昭和一〇年代、軍部の横暴さに怒った河野は、その反対運動を通じて鳩山一郎と出会い、鳩山に心酔するに至る。同時にこの活動の際に主たる財界人たちがきわめて優柔不断の姿勢を示したのに立腹し、彼らを鋭く批判していた。これが原因で後日、彼が首相候補の一人と目されるようになっても、河野のもとには財界からの政治献金はほとんど集まらなかった。

例外的に河野を支援したのは、映画会社「大映」社長の永田雅一《まさいち》、石炭会社「北炭」社長の萩原吉太郎《きちたろう》、そして、児玉誉士夫《よしお》の三人くらいのもので、そこには当時の財界首脳たちの「吉田、池田、佐藤の官僚出身者が保守本流であって、そうでない鳩山や河野は傍流に過ぎない」という見方も少なからず影響していた。

鳩山が首相になると、河野はその意を汲んで日ソ国交回復に懸命に取り組んでいる。しかし親米派で固める財界首脳たちは、そんな河野への献金をますます拒絶することになる。

実力者と呼ばれるようになるには、自らが組織のリーダーとなるか、あるいはリーダーになれなくても、リーダーを背後から動かせる立場にならねばならない。佐藤は典型的な前者であり、河野は後者の道を選んだ。選ばざるを得なかったとも言える。

騙す奴より騙される奴が悪い

河野が岸–佐藤に対抗意識を持つに至ったのは、彼らが官僚出身ということもあるが、第二次岸内閣成立の際の因縁があった。岸は挙党体制を敷くと明言しており、河野は自分も主要閣僚として入閣要請を受けるだろうと決め込んでいた。だが、その要請はなく、佐藤が蔵相という重要閣僚での入閣。この瞬間に彼は「今後の自分のライバルは佐藤だ！」と一方的に怒りを募らせた。

〝蔵相というのは莫大な政治資金を財界から集められるポストだ〟と思う河野は、佐藤と対抗していくためには〝自分も豊富なカネ作りをしなければならない〟と考えるが、財界主流の大手企業は保守傍流の河野を危険視してなかなか相手にしてくれない。そのため、中小企業にターゲットをしぼり、いささか強引な手法でカネ集めに走らざるを得なかった。情報収集能力に長《た》けた佐藤陣営からはそこを突かれ、「河野を巡る黒い霧問題」といったようにダーティ・イメージを流布される。豊富な資金を得て派閥拡大を目論む河野にとって、これらのイメージがネックとなり、所属議員数の面でも佐藤に大差をつけられてしまう。

さらに、河野を苛立たせることがあった。

昭和三四年、六〇年日米安保改定問題で苦境に立たされていた岸は、東京・内幸町の帝国ホテルに大野、河野、佐藤の三人の実力政治家を呼び、永田雅一、萩原吉太郎、児玉誉士夫という河野に近い三者を立会人として、「自分の次の首相は大野、その次は河野にするので安保法案成立に協力して欲しい」との約束手形を発行した。大野も河野もこの手形を完全に信じて了承した。

ところが岸退陣に際し、岸・佐藤は同じ官僚派の池田の支援に回る。当時の岸は「池田の次は佐藤」という思惑を秘めていた。岸が池田支援に回ろうとした瞬間に大野は「約束が違う。俺は約束手形の書類を持っているから世間に公表する」と半ベソをかきながら怒り口惜しがった。

しかし、河野は「やはり大野が総理というのは無理な話だと思う。池田のほうが適役だろう。池田首相に巧く取り入れば次に自分がなるチャンスがある。そしてその時に岸は自分を推してくれることになるだろう」と甘い判断をする。「だからこそ立会人は自分に近い三人を呼んだのだ」ときわめて楽観的に解釈したわけだ。

もちろん、岸ー佐藤兄弟は、そんなことをまったく考えていない。官僚出身の政治家たちは、このような手法を用いるのに長けている。彼らに言わせれば、〝騙す奴よりも騙される奴のほうが悪い〟ということになるのだろう。

官僚派の余裕

騙されたといえば昭和三四年六月の第二次岸改造内閣の組閣でも、河野は岸ー佐藤兄弟の被害者になっている。この時、河野はどうしても幹事長になりたかった。この役職に就けば自分の子分を増やすのにとても有利になるからだ。その心情を察した副総裁の大野は「ぜひ、河野を幹事長にして欲しい」と岸に頼み込む。「それは結構な案だね。でも党内の多数が賛成するのかな？ キミが党内を説得して回ってくれないか」と、岸は大野に恩を売るような形で返答。大野の動きを伝聞した佐藤は即座に「兄貴、私は河野が幹事長というのには絶対反対だ」と抗議してきた。「大野が党内を説得できるわけがないよ。空回りの苦労をするだけで、結局は河野幹事長を取り下げるに決まっている」と岸は笑顔で答えた。事実、大野は「期待に添えなくて申し訳ない」と河野に詫びを入れるハメとなった。

河野は怒りをかみ殺しながら、こう答えるのが精一杯だった。

「貴君の努力にはお礼を言うが、岸-佐藤が貴君を騙したのではないか？　本気で岸が俺を幹事長にしようと考えるならば自分で動くべきなのに、貴君に任せて当人は知らぬふりではないか」

怒りが収まらない河野は、自派担当の番記者たちを集め「自分は岸に協力しない」という内容の記事を書かせる。慌てた岸は、大野と河野を首相官邸に呼び、「幹事長でなくて大臣として入閣して欲しいと思っているので協力してくれ」と頼み込む。「私が入閣する条件として佐藤蔵相を留任させずに閣外に出して欲しい」と河野はストレートにライバル潰しの強硬策を岸にぶつける。

この性急気味の要求に驚いた岸は、「キミには主要閣僚になってもらうつもりだから、栄作の閣外追い出しの話はやめてくれ」と妥協案を提示。「出せないならば私は一切協力できない」と河野は敢然と突っぱねた。

困惑した岸は川島と佐藤を呼び、さらなる妥協策について相談をした。即座に佐藤は「兄貴、河野幹事長案が潰れたからといって今度は入閣させるとの考えは愚の骨頂だ。大野や河野のような党人派の連中は、学歴や能力面で自分たちより劣るのだから、我々兄弟と池田が中心になって党も内閣も運営していけばいいのだ」と非情な言い方で答えてみせた。

さらに「兄貴は弱気すぎるよ。どんな時でも強気でないと首相は務まらないよ」と進言する。

この気迫に負けた岸は、幹事長に川島正次郎を据え、さらに大野と河野の分断を狙って政調会長に大野派の船田中《なか》を登用。佐藤の蔵相は留任とした。そして、河野派からは河野の了解を得ずに若手の中曽根康弘を一本釣りして、科技庁長官に抜擢する。どこからどう見ても河野への報復人事であり、そこに佐藤の意向が大きく反映されているのは確実だった。もちろん河野も同様に感じた。「これでは俺はあいつ（佐藤）に潰される」と彼は一段と怒りを爆発させる。

一方、兄に自分の意とする改造人事を行わせた佐藤は、政治家としての自信を深め、〝河野なんぞは完全に格下にもかかわらず、自分に対抗意識を抱くなんて愚かな男だ。これで岸－池田－佐藤の順に政権を回せることが確実になった。岸－大野－河野の順に政権盗りなんて夢物語もいいところだ。党人派が官僚派に勝てるわけがないさ〟とほくそ笑むのだった。

党人派の意地

だが、河野はまだあきらめてはいなかった。

ポスト池田を狙う一方で、〝自民党にいては、佐藤を筆頭とする官僚派には永遠に勝てない〟と考えた河野は、自民党脱党→新党結成を目論む。〝官僚派よりも党人派のほうが、国民的人気は総じて高い。国民はこの新党を拍手喝采で歓迎してくれるはずだ。そうすれば新党に政権が転がり込んでくる可能性もある。この方策ならば佐藤に絶対勝てる。要は「急がば回れ」ということなのだ〟と腹を決める。

早々に極秘で大野や川島に相談を持ちかけてみると、川島は「私は官僚派と真っ正面から対決する気は一片たりとも持っていない。彼らと上手に妥協しながら生き抜いていくのが私の流儀ですから……」と冷ややかな返答。大野も「俺が先頭に立って新党と叫んでも、ついてくる連中は限定的で広がりに欠ける。貴君が先頭に立つならばかなりの人数に増えてくるのではないか」と、決して積極的ではない反応だ。

「それでも大野と一緒に新党結成ができれば……」との期待を寄せ、親交を結ぶ永田、萩原の経済人に話してみると、「新党結成には多額のカネが必要になるはずだ。そんな資金負担は難しい」と、現実的な問題を指摘して、やはり拒否反応を示すのみだった。

河野のこうした極秘活動は、途中で佐藤陣営に伝わってしまう。佐藤はニヤリと笑い、「彼らの脱党は邪魔者が消えるのだから大歓迎だ。すぐにマスコミにこの情報を流そう。新聞記事になって公表されれば河野は引っ込みがつかず、脱党への道に進まざるを得なくなる。ここで同行者を片っ端から切り崩していけば結局、数名しかついていかないことになる」と、売られたケンカは買うというような余裕に満ちた姿勢を示す。

実際、佐藤のシナリオ通りにこの件が大きくマスコミ報道されると、河野は慌てて三〇名前後の同行者を集めようとするが、数名に留まり、これでは新党が政界に与える影響力は皆無と言っていい。河野は渋々、自民党に留まることになる。惨敗である。

追い詰められてきた河野は、「俺はこれまで佐藤に勝とうと欲してきたが、これが困難ならばせめて佐藤と刺し違える道を考える必要がある」と考えを改めた。

河野の秘めたる心情を伝聞した川島や三木武夫らの党人派は「刺し違えなんてできるわけがない。死ぬのは河野だけで佐藤はしぶとく生き延びていくはずだ」と冷笑するのだった。

党人派でありながら、川島、三木は〝バルカン政治家〟と称されるごとく、主流派を闊歩する官僚派と時々に応じて上手に妥協していく知恵を持っていた。しかし残念ながら河野はその知恵に欠けていて、妥協を求めずに互角の立場で対決し、連戦連敗

佐藤が首班に選ばれ、拍手する河野一郎

の結果を招くのだった。表現を変えるならば〝知性〟や〝理性〟よりも〝感情〟を極端に優先させてしまうタイプが河野なのだ。

格上をライバル視せよ

〝天下の王道、大道、正道を歩む〟という言葉がある。

学歴や経歴面で恵まれてきた人々は必然的にこの言葉に沿って生存競争に臨み、主流派を歩みつつ、最終的に主役の座を勝ち取ろうとする。少なくとも四〇代に突入してからの佐藤は、自然にこのような心境に達していったと思われる。

また、河野とて政治家としての能力が低かったわけではない。ライバルが佐藤であったこと、いや、そのように意識してしまったこと自体が、河野にとって大きな悲運だったのではなかろうか？

吉田と鳩山の激しい対決を経て、昭和三〇年一一月に自民党は誕生した。当然、しばらくは吉田系列の官僚派と鳩山系列の党人派の対立が尾を引いている。そんな時期だけに、河野は党人派として、官僚派の佐藤と対立する立場を演じざるを得なかった。

だが、河野を格下と見ている佐藤にはその意識は左程《さほど》でもなかっただろう。河野はそうはいかない。相手が自分を格下と思うならば、たとえ自分が精一杯の背伸びをしてでも対等な立場を確保していかねばならない——。

自分より格上の人間をライバル視すれば、より高い成果を収められるというメリットはある。ただ、その域に達するまでは苦しくて大変なものであろう。河野もその過程において多くの苦しみを味わってきたに相違ない。そして事実、一定以上の成果も収めた。しかし、佐藤が〝王道、大道、正道〟を歩み続ける限り、河野は邪道や小道、傍道を進んでいるように見られてしまう。この悲哀を当時の党人派政治家は皆、実感しているはずである。

佐藤の首相就任の日から約八ヵ月後、昭和四〇年七月八日に急死した河野。

佐藤の地盤がいまやまったく残っていないことを考えると、次男・洋平が自民党総裁に、その長男・太郎が入閣したことで、両者の永眠後は河野家が圧倒的に優位に立っている。存命中はまったく佐藤には歯が立たなかったが、これも巡り合わせなのかも知れない……。

第四章

田中角栄 VS. 福田赳夫

「ライバル」と呼ばれることさえ
不愉快だ

角栄の作戦勝ち

昭和三二年二月から四七年七月の一五年半にわたって岸、池田、佐藤のエリート官僚出身の首相が日本を支配してきた。そして七年八ヵ月間に及ぶ佐藤政権が終盤に至るころには〝ポスト佐藤〟の座を競う〝三角大福中〟の五者による抗争劇が華々しく展開されてくる。

三木武夫、田中角栄、大平正芳、福田赳夫、中曽根康弘の五人のうち、前者二人は党人派、後者三人がエリート官僚派である。つまり、この闘いは吉田vs.鳩山以来続いてきた党人派と官僚派の主導権争いの延長線上にあった。

この〝三角大福中〟の五者の中で、主役的立場にあったのが田中と福田で、二人の闘いを当時のマスコミは「角福戦争」と命名した。

大正七年、新潟の寒村に生まれた田中は、建設現場での肉体労働者などを経て零細建設会社経営者となり、昭和一二年に中央政界入り。対する福田は明治三八年に群馬県の金古町《かねこまち》（現高崎市）で生まれ、東大法学部卒業後に大蔵省入り。官房長、銀行局長、主計局長のエリート街道を順調に歩み、昭和二七年に衆院議員初当選。

年齢では福田が一三歳年長になるが、政界での当選歴では田中が二期先輩。経歴面ではるかに福田に劣る田中だが、当選回数がモノをいう政界のこと、終始「自分のほうが先輩で、格上だ」という自負心を抱いていた。

現役首相の佐藤派で最高幹部の立場にある田中。首相の実兄・岸の派閥を受けついでいる福田。両者はともに、ポスト佐藤は自分であり、佐藤から支援が得られるものと確信している。

田中か、福田か――。

当の佐藤は、本心では経歴的にも自分に似ている福田に譲りたいと思っている。しかし、田中はカネ集めなど派閥の功労者であり、無下にはできない。そこで佐藤は、田中、福田と三者会談を行い、その席で事実上の福田指名をして田中からの同意を得ようと目論んだ。独特の嗅覚で佐藤の狙いを察した田中は、あれこれと理由をつけて三者会談に臨むのを拒否するのであった。

佐藤と福田が焦るのを知りつつ、田中は福田にゴルフ対決を提案する。多数の報道陣にも声を掛け、グリーン上での勝負を取材させた。この対決は普段からプレー回数の多い田中が、若さにモノを言わせて圧勝する。それこそが田中の狙いで、若さを改めて国民にアピールしたのである。

このような田中の作戦は大成功だった。ただでさえ官僚出身首相が連続することに倦《う》んでいた国民は、叩き上げの庶民派で行動力と義理人情に富む田中に好感を寄せた。

しかも、田中の作戦はこれだけではなかった。福田と同じ群馬三区で、長期にわたり「上州戦争」を続けている中曽根は、自分を応援すると計算。となれば、〝三角大福中〟の残る三木と大平を抱き込めば、〝福田包囲網〟が完成する。そこで両者に対して、「自分が首相になれば、日中国交正常化にただちに臨む」と持ち掛けた。親中派の二人は、この田中の誘いに応じた。

それでもまだ安心できなかったのか、田中は三木と大平に「自分が首相になっていずれ退陣する時は両者を順次、後継者に指名する」との約束手形も発行する念の入れようである。こうして〝福田包囲網〟が成就した。

対する福田は、どう考えていたのか。

「佐藤首相時代に蔵相を務めていた自分が首相執務室に出向くと、前客として角さんがいた。この時、角さんと初めて向かい合って顔を合わせたことになる。その後、角さんは私に気を遣って赤坂の料亭に招待してくれたりしたよ。帰り際には下足番にチップをやっていたようだ。私はそういうことをしないタイプだったから、肌合いの違う人だなと思ったね」

田中の印象を問われ、余裕たっぷりに答えている。福田は田中に対し、常に優越感を抱きながら接していたのだろう。この余裕を「さすが、大物」と見て福田に従う政治家もいれば、逆に反発心を覚える政治家もいる。

田中は「自分は無学なので知らないことが多い。そこでお知恵を拝借したいし御指導をお願いしたい」といった調子で下手に出て、相手に優越感を与えるのを得意にしていた。いずれが人間関係を上手に広げられるかは明白であろう。

もっとも田中の場合、指導料としてそれなりの額のカネを極秘で渡す場面も多かったようだが……。

福田赳夫

田中角栄

「福田クンとはライバルではないな」

性格だけでなく、政策の面でも二人は対照的だった。

田中は「先行投資を充分に行い、景気上昇を果たせば、歳入が増加して財政も豊かになる」と信じ、拡大論をベースにした。のちに発表する「日本列島改造論」はまさしくその典型だった。

大蔵省出身の福田はこれとは正反対で、「政治とはケチに徹することだ。役所に出向くと常に総務課長に昼間から電気をつけるなと注意してきたものだ。国費は国民の血税なのだから絶対に無駄遣いをしてはいけない」と述べ、事実、自宅でも無駄な電灯を自ら消して歩く生活をしてきている。徹底した緊縮財政論者なのだ。

では、二人はお互いをどう評していたか。田中はこんな言葉を残している。

「福田クンとはライバルではないな。彼は有力な指導者の一員であるかも知れんが、ともかくライバルではない。キミ、ライバルというのは競馬のダービーなんかで鼻差の勝負をする間柄を指して言うものだ」

その言葉には、自分が福田を数馬身は引き離しているという自負心が込められていた。

福田は「ライバルとは?」の問いに、こう答えた。

「我が輩のライバルは、と問われれば、大蔵省の先輩だが経済政策を異にする池田勇人氏であり、選挙区では上州戦争と名高い中曽根クンかも知れない」

敢えて田中の名前を挙げず、まるで眼中にないと言わんばかりだ。

当時、福田が筆者に向かい、問わず語りに話したことがある。

「人間というものは、初めのうちは川の上流にある石のようなものでゴツゴツとしている。ところが石は中流から下流へと流れていくうちに、次第に丸くなってくるものだ。人生も同じではないか。世の中で散々もまれていくうちに、だんだん丸くなってきて、人間としての幅も出るし、角もとれて味が出てくるものだ」

筆者はこの言葉を聞いて、組織社会で順調に成長してきた自分の長所を強調しているのだと感じた。同時に、名前こそ出してはいないが、言葉の裏には田中への当てこすりがあると思ったものだ。

余談だが、平成七年春に『週刊現代』誌上において三週間連続で、政治ジャーナリストの大先輩にあたる三宅久之、岩見隆夫両氏と筆者は、「国民にとって『いい政治家』『悪い政治家』」と題する座談会を行っている。その中で両先輩が、「自民党安定政権下での派閥争いというのは、いま思い出してみると、それなりにおもしろかったですね。田中角栄氏と福田赳夫氏が争った角福戦争などは、政治に緊張感を与えた面があった。ところが、いまの政争は、あの派閥争いのときのような男性的なところがない。だからすっきりしないし、見ていてもおもしろくない」と同調し合う一幕があった。筆者もこの面ではまったく同感であった。

さて、ポスト佐藤を巡る両者の闘いはとりあえず棚上げされる形で、昭和四五年一〇月末に佐藤の四選が決まる。佐藤内閣は大詰めを迎えた沖縄返還交渉の仕上げ作業に腐心するものの、他方では日米繊維交渉、国連への中国加盟問題、成田新空港建設問題、医師会の保険医総辞退問題等々、難問山積で、田中も福田も息をつく暇もない日々に追いまくられた。

こうした状況で、「佐藤は本当に自分を後継指名できるほどの力を持ったまま退陣できるのか」と、福田は次第に不安になってくる。七〇歳近い彼の年齢を考えれば、それは当然のことであった。

翌昭和四六年七月に内閣改造が行われた直後に、部屋を訪れた福田に向かい、岸は上機嫌で、「作戦どおりに巧くいった。キミは蔵相から外相に転じ、栄作の次の日本の顔として世界に売り出すことができる。僕が石橋（湛山《たんざん》）さんの後を受けた時も外相だったし、縁起の良いポストだ。田中クンは幹事長を辞め、日米繊維交渉の難題を抱える通産相として閣内に封じ込めた。しかも今度はキミの応援団の保利茂《ほりしげる》クンが幹事長として党を仕切ってくれる。後継首相の件は僕から栄作に厳しく言うから安心してくれたまえ」と語りかけた。

「お蔭さまで……。保利幹事長というのも有り難い。重々よろしくお願いします」と福田は緊張気味に唇をかみしめながら短く答えた。

それから四ヵ月ほど過ぎた某日、福田は佐藤から首相官邸に呼ばれている。佐藤の顔は久々に晴れ晴れとしている様子だ。

「キミも知っているようにアメリカのサンクレメンテで、ニクソン大統領と日米首脳会談がある。当然、外相のキミと蔵相の水田三喜男《みずたみきお》クンには同行してもらうわけだが、繊維交渉の件もあるので、田中通産相も一緒に行かせようと思っている。アメリカならば記者団の目もうるさくないから、そこで田中クンに引導を渡し、僕の後任はキミであるのを田中クンに認めさせよう。格好の機会だ」

佐藤の自信ありげな様子に、〝本当にそう巧くいくのか〟と福田は半信半疑ながらも、「それで結構です。お任せしますから、よろしくお願いします」と、ここでも短く答えている。

だが、サンクレメンテでの佐藤の作戦は見事に失敗した。福田の不安は正しかったのだ。

平気で捨て身になれるか

佐藤の肚《はら》の内を読み切った田中は、佐藤と福田と自分の三者だけになる機会を徹底的に避け、同行記者団グループの中に敢えて顔を出すように努めた。その行為は記者たちに、〝福田への禅譲話など決してさせないし、俺がその話を呑むわけないさ〟と強くアピールするものだった。

窮地に追い込まれた時、田中はむしろ、ここが勝負時とばかりに攻めの姿勢に転じる。

それは両国首脳の食事の時にさっそく実行に移された。

会場に先に到着した田中は、メインテーブルに自席がなく、同行代議士の佐藤文生《ぶんせい》の席が用意されているのを知ると、即座にその席に座った。遅れてやってきた佐藤文生が、席が違うと告げると、「知ってる知ってる。承知のうえなのだ。このままで頼むよ。本来の俺の席にキミは座ってくれ。恩にきるよ」と田中。その気迫に押されて彼は、本来は田中が座る席に着席せざるを得なかった。

メインテーブルには多数のカメラマンが詰めかけ、ニクソンらと談笑している田中にもフラッシュがたかれていた。その姿を見やりながら佐藤文生は、「この瞬間でも

『角福戦争』は激しく火花を散らしているのだ」と、しみじみと実感したのだった。

この間の事情を、親しい記者から後で耳打ちされた福田は、「自分の常識とは異なる型破りなことをできる男なのだ。田中は平気で捨て身になれる。手強い相手を敵に回してしまったことになる。だが自分の味方は官僚出身の佐藤であり岸だ。彼らは常識人だ。最後は常識が勝つ。それに相違あるまい……」と、表情を一層硬くした。

ポスト佐藤を巡る総裁選挙が近づきつつある某日、田中は「佐藤派内を見回しても昭和四四年初当選組の大部分は、俺が幹事長として仕切って当選させた連中だから俺を支持する。また、他派にもそういうのを多数見込めるし、概して当選一～三回生の若手組は、福田よりもはるかに若い俺に投票するはずだ。問題はベテラン組だが、橋本登美三郎、木村武雄、二階堂進らの党人派は大丈夫だとしても、官僚派へ風穴を開けなくては勝利はおぼつかない。若手組に関しては、中堅の金丸信《かねまるしん》と竹下登に任せて、俺は官僚派の切り崩しをやろう」と、心に決めた。

そこで狙いをつけたのが、彼より一〇歳ほど年長で東大－大蔵省出身の愛知揆一《きいち》である。愛知はその経歴からしても、福田の風下には絶対に立ちたくない。田中は、愛知が宴席などで露骨にそう語っているという情報を入手していた。そこで、彼を赤坂の料亭に招いた。

「愛知先生、いよいよ福田との決戦が近づいております。勝負には絶対の自信があります。問題は勝った後のことです。御案内のように、私の支持グループは福田陣営と異なり官僚OBが極めて少ない。いざ、政権運営にあたるようになると、やはり官僚の協力が必要となります。そこで先生の御指導をぜひとも仰ぎたい。福田陣営と異なり、我が陣営では先生の存在が非常に大きくなるわけです。もちろん、それなりの重要ポスト、たとえば蔵相などをお願いしたく思っている次第です。それだけでなく私の後見人的なお立場ですべてを御指導願いたいと思っています」

いつものダミ声を猫なで声に変え、田中は平身低頭してみせた。

〝蔵相ポスト〟の言葉を聞いた途端に、愛知の細い目はキラリと光ったはずだ。官僚派政治家にとって古巣の官庁に大臣として返り咲くほど名誉なことはない。仮に愛知が福田を支持したとしても蔵相候補者は大勢いるし、先輩として福田がいろいろ口をはさんでくるのも容易に想像できる……。愛知は田中支持を決めた。彼の心情、気位、泣き所などをインプットしたうえでの田中の作戦は成功した。

この日を契機として、ポスト佐藤は福田という流れが一変する。それを佐藤も福田もまだまったく気付いていない。両者にすれば、自分たちと同一のエリート街道を歩んできた者は、どこまでも同じ人生観・価値観のもとで判断するものだと固く信じていたわけだ。人間の本質を見抜く力において、田中のほうが一枚も二枚も上だった。

ポスト佐藤争いが田中の完勝に終わった総裁選当日、敗れた福田は赤坂プリンスホテル内の自分の事務所で、独りでいつまでも、ある男の来訪を待っていた。二時間経っても三時間経っても、とうとうその男はやってこなかった。後日、福田はこう漏らした。

「その時、田中クンが必ずやってくると我が輩は確信しておった。勝負は終わったが、その後の協力要請をしてくると思っていたのだ。そうしたら自分も潔くそれに応じようと待機していた。だが結局、彼はやってこなかった……」

戦後史初のダブル選挙へ

田中が首相の座についても、「角福戦争」は終わらなかった。

ロッキード事件で逮捕、保釈後の田中は「この逮捕劇は東大卒の一部の政治家とアメリカの陰謀によるものだ」と語っているが、「一部の政治家」が岸、佐藤、そして福田を指しているのは明らかだった。田中はこの事件について、ポスト佐藤の総裁選挙で勝利を収めた自分に対して、彼らが逆襲のために仕掛けたものと信じて疑わなかった。むしろ、自分は被害者だという気持ちを捨てきれなかったのである。田中退陣後、椎名裁定によって首相に就任した三木武夫は、数の力をバックに院政を目論む田中を潰すために、福田らと協力して田中逮捕に走った。

だが、三木が長期政権への色気を出すと、今度は田中が、福田、大平と組んで〝三木降ろし〟を敢行。次には大蔵省の先輩後輩コンビである福田と大平が〝大福〟連盟を組み、背後に田中が控えて福田政権を樹立。この時、福田と大平は「先輩の福田が先に一期二年間首相をやってから、大平に譲る」との密約をしていたという。

福田が約束を反故にして二期目を狙い始めたので、大平が田中と組んで一期限りで福田を辞めさせてしまう。そして目論み通り、大平は首相に就任した。

腹のムシが収まらない福田は、大平に抵抗するために四〇日間も国会審議を中断させる〝四〇日抗争〟を仕掛けた。野党提出の内閣不信任案に、福田派などが欠席する形で不信任案が可決。ここで田中は激怒して「衆議院を解散して、予定されている参議院選挙と合わせてのダブル選挙に持ち込め」と大平に指示。大平は戦後史上初めてのダブル選挙を敢行する――。

まさしく〝昨日の敵は今日の友、今日の友は明日の敵〟的な泥仕合が、「角福戦争」の続編として十余年間も延々と展開され続けたのだ。

ダブル選挙に突入すると同時に大平は持病の心臓病が悪化して急死。後継者には大平派の幹部で田中とも親しい鈴木善幸《ぜんこう》が話し合いで選ばれた。この時の密約として鈴木内閣の時に〝田中無罪〟を決めるという内容が含まれていたとされる。

鈴木政権は福田の顔を立てる意味合いもあって「行政改革」での歳出カットを政策の中心に掲げた。そして二期目を目指すのだが、〝田中無罪〟だけは世論を考慮しても完全に無理だと判断。この姿勢を福田は支持するが、田中は断じて認めない。板挟み状態に陥った鈴木は二期目を断念して突然、辞任表明をする。

そこで中曽根康弘、河本敏夫《こうもととしお》らが出馬しての自民党総裁選挙。田中と福田は各々に別の思惑を秘めて中曽根支持を決めた。〝風見鶏〟のニックネームをもつ中曽根は双方の顔を立てるかたちで勝利を収める。そして初めての党・内閣人事は極端に田中派を優遇する露骨な〝角影人事〟となる。これには上州戦争も起因しているのだから、福田は黙っていられない。このために人事発表は当初予定よりも八時間も遅れた。結局、最終的に福田が渋々と応じる結果だった。

政権発足後の中曽根は最初こそ田中の顔色をうかがっていたが、田中を切り捨てたほうが長期政権になると判断して、政権中盤で〝田中有罪〟の視点でバッサリと田中を切り捨てる。そして大平に次ぐ衆参ダブル選挙を〝寝たふり死んだふり〟で敢行し圧勝を収めた。これをただ傍観するしかなかった福田は政界引退を決心する。

また、中曽根は田中派に手を突っ込み、大派閥の分裂を狙う。思惑どおりに同派の過半は世代交代派の竹下登、金丸信の元に走り、ごく少数が田中直系を貫く。このメンバーは二階堂進、山下元利《がんり》らの十余名のみだった。

この時点でようやく「角福戦争」は閉幕を迎えたと言えるのではなかろうか……。先述したように田中も福田も、表面上は「相手は自分より格下なのだからライバル視されるのは迷惑」という態度を貫いていた。だが、実際には激しいライバル意識に燃えて、自民党史上で最大の抗争劇「角福戦争」を演じたのだった。

時代は遡るが、福田の出身省庁の大蔵省を預かる蔵相に就任した際、田中は得意気に、

「運だけで自分はこの地位まで昇ってこられた。だが単純に運を得ようとしても駄目で、努力、根気、勉強に支えられていなくてはね。それに背伸びをする生き方。大体、背伸びをするのは健康上もいいんだよ」

と語っている。ただ、これは田中の強がりで、内心では不安にかられていた。

それを象徴するエピソードがある。

のちの福田政権誕生で蔵相となった福田の側近・坊秀男の証言だ。

「就任時に大蔵省幹部から、いきなり『盆暮れの心づけをよろしく』と言われた。それは莫大な額に達するもので、まるで役所ごと買収するような金額に驚き、そのような慣習はいつからなのかと尋ねると『田中蔵相の時代からです』という返答だった」

金額の多寡についての真偽はともかくとしても、低姿勢で蔵相に就任した田中だったが、他方ではこのような手法を用いないと、エリート官僚たちとの人間関係、信頼関係は作れないと思い込んでいたのだろう。そんな真似は福田には絶対にできないことであると同時に、出自に関する悲しいまでの田中のコンプレックスが感じられるのである。

森喜朗が見た「角栄と福田」

田中角栄とはいったい、どういう男だったのか。ここでは二人の証言を記しておこう。

渡部恒三《わたなべこうぞう》と森喜朗《よしろう》。ともに田中幹事長時代の昭和四四年初当選組であり、早稲田大学雄弁会（弁論部）に属していた論客である。二人は初当選の時の思い出をこのように回顧している。

まず渡部が独特の会津弁交じりで語る。

「福島二区では自民党現職と社会党の対決の構図となり、新人のワタスは公認を得られずに保守系無所属で出馬。後援会は『田中幹事長は冷たい』と怒っていたが、予想に反して当選できた。

当確の知らせがNHKテレビで報じられると、幹事長が画面で『渡部クンは無所属で勝った優秀な新人だ。今後の政界は彼のような頑張り屋が支えていくことになる。ぜひとも追加公認で自民党に入党していただきたい。公認しなかったのは私の不覚』と、テキパキと言い、ワタスを大いに誉め上げてくれた。

これには後援会も大喜びで皆、ああいうサッパリとした若くて行動力に富んだ幹事長が次代を担うことになるから、田中さんに師事しなさいと大合唱された。

そこで上京して幹事長室で入党手続きをすると、田中先生は追加公認料を渡しながら、『いや、実はキミを公認しなかったのは俺の作戦で、無所属ならキミへ社会党票の一部が流れると読んでいた。自民党票の数は公認してもしなくても変わらないから、公認すると逆にキミは落選していたのだ』と、これまた、テキパキと言うんだ。もうすぐ総理になる人は言いわけも巧いもんだと感心させられたよ。

即座に佐藤派入りはせずに無派閥だったが、それは田中派が結成されたら一番に参加しようと決めていたからだ。以来、田中先生には細部にわたって御指導いただいたし、お世話にもなってきた。恩人だよ」

渡部と同じく保守系無所属で当選した森は後年、福田派を継ぐことになる。森が言う。

「党の幹部や先輩議員は党公認でない候補者を応援してはいけないという党の規則があるのだが、私は岸信介先生に応援をお願いした。支持者たちも本当に来てくれるのか半信半疑だったが、高齢、交通事情などのハンディをおして、石川県の選挙区まで来てくださった。冬の選挙で大雪だったら駄目だったのが天候にも恵まれた。これで自陣営は燃え、初当選につながった。党本部に行き田中幹事長に会うと、まるでくれてやるといわんばかりに追加公認料を渡そうとするから、私も若かったので反発してしまったよ。まあ、カネで支配しようとする態度に私は立腹したのだな。

そしてその後、世田谷・野沢の福田邸へ約束どおりに挨拶に出向いた。福田先生は急用で外出されていたが、家族にちゃんと伝言されており、そんなに広くない和室でコタツに入りながら待っていた。その間に家族の方々が、当選祝いの料理をいろいろと用意してくださってね。ほのぼのとした雰囲気で、初当選の実感が改めて湧いてきたのさ。

そのうちに福田先生がお帰りになって、『ホウ、ホウ』と言いながら気さくに語りかけてくれたよ。政治家としての心構えや激励の言葉など、皆、ありがたい話ばかりだったねえ。特別に祝い金などはいただかなかったが、この時の歓待ぶりやお話のすべてが、私には何よりもうれしい祝意だった。ここで福田先生にどこまでもついていき、御指導いただこうと決めた。それが正解だったと、四半世紀が過ぎた今日でも素直に思っている次第だ」

こうして二人の師匠は決まるのだが、田中と福田の特性がそれぞれ両者の言に滲み出ているのではなかろうか……。

第五章

大平正芳 vs. 福田赳夫

大蔵省ではお前など、
傍流のくせに

「オオダイラ」事件の屈辱

衆議院で小選挙区制が導入され、すでに七回の総選挙が実施されている。中選挙区制以上に知名度がモノを言うこの制度により、昨今の自民党では世襲議員か否かで仕分けが為されるケースが増えてきている。最近の小泉、福田、麻生、安倍各首相は皆、世襲派であり、菅義偉《すがよしひで》は逆に叩き上げ派の象徴的な存在だ。

小選挙区制以前の中選挙区制時代、特に戦後三〇年を経たころの自民党では、これまで見てきたように官僚派か党人派かの仕分けが一般的であり、吉田、岸、池田、佐藤の各首相に見られるように、官僚派が圧倒的に優位を占め続けてきた。ここに風穴を開けたのが田中と三木であり、ポスト佐藤の座を受け、両者は連続して首相に就いた。党人派の逆襲が始まったのである。

この状況に危機感を覚えていたのが、官僚OB政治家の福田赳夫と大平正芳であった。

「角福戦争」の因縁もあって、福田にはこの気持ちが特に強かった。東大法学部→大蔵省入省。同省の中でもエリートコースと称される主計局畑を主として歩んできた福田としては、高等小学校卒業の学歴しかない田中と並び称されて、ライバル視されること自体、迷惑千万である。「田中や私大（明治大学）卒の三木が、我が輩に先んじて首相になるとは本来ならば許されないことだ」と、無念さに支配される毎日が続いた。

一方、大平は東京商科大学予科（現一橋大学教養課程）を卒業し、昭和一一年に大蔵省に入省。四年入省の福田の七年後輩にあたる。ただ、第二章でも触れたように「東大法卒でなければ人にあらず」といった感のある大蔵省において、福田が本流とすれば、大平は入省時から傍流を歩まざるを得なかった。

そんな大平にとって幸運だったのは、京都大学卒業でやはり大蔵省内では傍流扱いされながら、政界に進出していた池田勇人に見出されたことだ。

大平正芳

昭和二四年一月に中央政界に進出後、早々に第三次吉田内閣の蔵相として初入閣した池田は、大臣秘書官に黒金泰美と宮沢喜一のエリート組を採用するが、肌が合わなかったのか、のちに大平を指名した。「傍流の後輩」として親近感を覚えた池田は、大平に中央政界入りを強く勧めた。池田の後押しを受けた大平は昭和二七年一〇月に郷里の香川二区から出馬し、四二歳で初当選。この時、議員会館での部屋が田中の隣室となって、以来、田中と親しく交際するようになっていく。

ただし、のちに首相になるような逸材だと期待されていたわけではない。初出馬の時ならいざ知らず、二度目の総選挙の際、応援弁士として香川入りした首相の吉田は、「このオオダイラ君は……」と演説。名前すら覚えられていない現実を突きつけられ、大平が閉口したというエピソードが残っている。

後輩を甘く見たツケ

本流と傍流の違いはあれど、本来なら同じ官僚派として手を組んでもおかしくない二人が敵対するようになったのはなぜか。

それは高度経済成長策を推し進める池田首相に対し、緊縮財政が持論の福田が反旗を翻し、政調会長の職を一方的に辞任したことにさかのぼる。福田にすれば「古巣に戻れば傍流に過ぎない池田の風下に立たされるのは我慢ならない」という思いもあったのであろう。

いずれにせよ、池田の寵愛を受けていた大平は、福田のこの高圧的な態度に激しい怒りを覚えた。そこに田中との親交も手伝って、普段はおとなしい大平が「福田先輩が日本の支配者になるのは絶対に阻止する」という思いを燃やす。

ただ、福田は大平の怒りを完全に軽視していた。政調会長辞任についても「政治家にとって政策の相違で職を辞すのは正道であり当然の行為」と考えていたし、大平など自分の敵ではないと考えていたからである。

その見方を改める契機になったのが、昭和四七年七月の自民党総裁選だった。

ポスト佐藤の座を争うこの総裁選は「角福戦争」を主軸として行われ、第一位は田中、二位が福田で、初出馬した大平は一〇一票を獲得して第三位となった。その後、上位二者による決選投票で、大平は当然のように田中支援に回る。その結果、田中が勝利するのは、すでに見てきたとおりだ。

「大蔵省の後輩だから当然、我が輩を支援するだろう」

福田はそうタカをくくっていたのだが、その予測は見事に裏切られた。しかも、大平はせいぜい八〇票前後しか獲得できないだろうと予想していたのに三桁の大台に乗せての第三位。どう考えても納得がいかない。

タネを明かせば、事前の票読みから、決選投票での勝利を確信していた田中は、初回投票の際、福田を牽制するために大平に二〇票を回してやったのである。田中と大平の交友関係はそれだけ深かったことになる。

「大蔵省傍流の大平が主流の我が輩に肉迫してきている」という事実は、福田にとって不愉快極まりない。だからこそ、「田中の力があってこその大平であり、それがなかったならば、やはり我が輩よりもはるか格下に過ぎない」と、敢えて強気を装うのだった。

発足した田中内閣で、大平は池田内閣に続いて二度目の外相に就任。田中首相、二階堂進官房長官と共に中国を訪問して、日中国交正常化を果たす。当時の外相ポストは次期首相の本命候補とされる役職であった。第二次田中内閣でも外相留任。昭和四九年七月には福田蔵相が辞任したのを受けて蔵相に横すべり。田中のお蔭で、大平は一気に福田との距離を縮めてきたことになる。

ついに先輩に並ぶ

時計の針をここで一気に進める。

田中がロッキード疑惑で失脚すると、三木武夫が首相に就任。昭和五一年七月に田中は逮捕される。これは三木と福田が組む〝三福連合〟による仕掛けだと、田中、大平両派の面々は激怒。〝三木降ろし〟で反撃する。三木が同年一二月に退陣したのを受けて、ここでようやく福田が首相に就任。福田は大平派の怒りを静めるために大平を党幹事長に据えて妥協をはかろうとする。

ただ、この人事には、これを機に田中と大平の盟友関係を分断しようという計算が隠されていた。それを察知した田中周辺は、福田首相を一期二年間で引きずり下ろそうと画策し、昭和五三年の総裁選挙に大平を擁立する。結果は予備選挙で大平が七四八点、福田は六三八点で現職首相の福田が敗北。「天の声も時には変な声があるものだ」と述べ、上位二者による本選挙出馬を辞退して、首相の座を大平に譲ることになった。

大平は総裁選で福田（左）に勝利する

大平はついに福田と肩を並べた。一方、長期政権を狙っていた福田は、大平を倒して再登板することを心に誓うのだった。

首相としての最初の施政方針演説で、大平は高々と宣言した。

「戦後三十余年、わが国は経済的豊かさを求めて、わき目もふらずに邁進《まいしん》し、顕著な成果を収めてまいりました。（略）いまや、国民の間にこれらに対する反省がとみに高まってまいりました。(略)われわれが、いま目指しておる新しい社会は、不信と対立を克服し、理解と信頼を培いつつ、家庭や地域、国家や地球社会のすべてのレベルにわたって、真の生きがいが追求される社会であります」

いわゆる〝田園都市国家構想〟である。

ところで、福田とことあるごとに対立してきた大平だが、財政政策については大蔵官僚OBらしく、「多大な赤字国債の乱発は財政破綻を招く」という点で一致していた。そこで大平は昭和五四年一〇月の衆議院議員選挙で、唐突に「一般消費税」導入を提言する。だが、高邁な理想を掲げたからといって、国民が皆、支持するわけではない。むしろ、「増税は悪税なり」という有権者心理が働き、自民党は総選挙で単独過半数割れという大惨敗を喫してしまう。

この事態を見逃す福田ではない。たとえ本音では「一般消費税」導入の必要性を理解していたとしても、そんなことはおくびにも出さず、三木派、中曽根派の面々とともに大平退陣を叫んだ。

総選挙直後に行われた首班指名の国会は異例の事態になった。大平に加えて、福田も出馬したのである。自民党の二人の候補者が争うなどというのは前代未聞。この分裂選挙の結果、大平一三八票に対し、福田一二一票で辛くも大平は首相に留まることができた。

翌昭和五五年の通常国会で、野党の社会党が内閣不信任案を提出。福田派や三木派など反大平系の自民党議員が採決を欠席したため、不信任案は可決されてしまう。この瞬間、本会議場の無所属議員席にいた田中（ロッキード事件で自民党を離党）は、大平派議員を手招きして「解散に打って出ろ」と指示を飛ばした。

大平は直後の臨時閣議で、衆議院解散、総選挙を決断。福田らへの対決姿勢を鮮明にする。投開票日は事前に予定されていた参院選と同日の六月二二日と決まった。史上初の衆参ダブル選挙に、与野党議員の大多数は「『大福戦争』のためにわずか半年間で二度の総選挙とは本当に迷惑なことだ」と、強い不快感を示した。それほど、予期せぬ事態だったのである。ハプニング解散と呼ばれる所以だ。

筆者が見た二人の素顔

ここで、大平、福田両者にまつわる筆者の個人的体験を記しておきたい。

青年時代に筆者が師事していた財界の大物で「電力の鬼」と呼ばれた松永安左ェ門は池田勇人を贔屓《ひいき》にしており、池田は松永との宴席には大蔵省の後輩にあたる大平をはじめ、前尾繁三郎、黒金泰美、宮沢喜一を交代で同席させていた。

筆者もしばしばこの宴席に加わったため、彼らを間近で見る機会を得た。

黒金、宮沢はいかにも秀才らしくギラギラした存在感をアピールするのだが、これと対照的に、いつも地味で控え目だったのが大平であった。

松永と池田の会話を静かに聞き入り、自分が指名されない限り、決して口を挟まない。ずいぶん遠慮がちな人物で、大蔵官僚には珍しいタイプとして印象に残った。いま思えば、こうした大平の気質は、傍流として大蔵省を生き抜くなかで培われたものだったのではなかろうか？　言い換えれば、大平流のサバイバル術と言ってもいい。

だが、福田はまったく異なる。

福田とも酒席を含め、同席する機会があったが、数人の会話のなかでも絶えず自分の存在を認めさせたがる。参会者が自分の話を聞くのは当然と思っている節があった。筆者は、これもエリートとして主流派を歩んできた自尊心が為せる業《わざ》だと思ったものだ。

ただ、誤解のないように言っておけば、福田は決して近づきにくいタイプではなかった。二人きりで話すことも何度かあったが、そういう時は実に気さくで、親しげに接してくる。むしろ、〝この人が本当に実力政治家なのか〟と感じる場面のほうが多かった。そこへいくと、大平は〝ウー、アー〟という口調を含めて、あくまで慎重、少々のじれったさを感じさせるのだった。

話を昭和五五年の総選挙に戻す。

心臓に持病を抱えていた大平は、一連の混乱のなかで大きなストレスを抱えたことだろう。再登板を期す福田は、ここぞとばかりに大平退陣を要求し、大平は必死に抵抗する。田中を筆頭とする周辺も、それぞれの思惑含みで両者の対立を煽る。ただ、大平自身はすでに「無理したら自分の健康がもたない」と感じていたのではなかろうか。

同年五月三〇日の参議院議員選挙の公示日（衆院選は六月二日公示）に、大平は自民党本部前で遊説第一声の演説をした。筆者はこの演説を聞きに行ったが、大平の様子がおかしいことに気付いた。いつもと違う高い声で演説を始め、時折、苦しそうな表情を浮かべている。そして、その後の遊説先で心臓発作を起こして帰宅すると、翌三一日に東京・虎の門病院に緊急入院を余儀なくされた。

大平はそのまま、ダブル選最中の六月一二日に急性心不全で永眠。その死に対する有権者の同情で、自民党は衆参両院で地滑り的大勝を収めた。まさに大平は自らの死をもって、自民党の長期安定政権をもたらしたのだった。

突然の大平の死は、再登板を狙っていた福田にとっても想定外の事態を招いた。

大平を追い込んだのは福田を始めとする自民党反主流派だ、という非難の声が、国会内外を問わず、沸き上がったからだ。「大平殺し」の加害者のように扱われては、とても後継候補を云々する立場でなかった。

後継には、大平入院中に首相臨時代理として遊説に回った伊東正義官房長官の名が挙がったが、彼は「親友が亡くなった悲しさで、それどころではない」と固辞し続けた。そこで、伊東と同様に大平派幹部だった鈴木善幸が、田中とも親しい関係で首相に就任することになった。

大平の遺志を受けて財政再建を公約とした鈴木だが、実際には初年度から七兆円を超える赤字国債を発行せざるを得なくなる。大平の死後、しばらく息を潜めていた福田は、この方向転換を厳しく批判。鈴木が「私には二年が限界」と述べて総裁選挙出馬を辞退すると、福田は自分の出番到来と張り切るのだった。

だが、以後、平成二年に引退するまで、福田に再登板の機会が訪れることはなかった。福田の再登板シナリオは、大平の死によってすでに崩壊していたのである。

第六章
田中角栄 vs.竹下登

あいつまで
連れていく気か

「彼らには集金能力がない」

「東大卒業者とアメリカの陰謀による逮捕だ。こんなことに負けてはおられん！」

「俺は絶対に無罪判決を勝ち得て首相に返り咲き、日本列島改造論を成し遂げてみせる！」

筆者は、田中角栄の亡くなった長男と同年生まれという縁もあり、若いころから田中邸で二人きりで話をする機会に恵まれた。田中は筆者の前で、何度も冒頭のように怒りを露《あらわ》にしたものである。

こうした強い思いがあったからこそ、返り咲きを期して、田中は三木、福田、大平、中曽根の各内閣を自らが主導して次々と樹立させ、院政を敷いた。また、その権力を確保するには〝数の力〟がすべてとばかり、田中派の所属議員を強引に増強してきた。

とはいえ、裁判中の田中は表向き、自民党を離党した一介の無所属議員でしかない。首相経験者に与えられる党最高顧問の肩書すらない。そこで、実際の派閥運営は西村英一、二階堂進、田村元《はじめ》ら、性格的にもおとなしい長老クラスに任せていた。

その理由について、田中が声を潜めて教えてくれたことがある。

「彼らには派閥を率いていくための政治資金の集金能力がない。だから大丈夫なのだ。安心していられるよ」

また、こうも言っていた。

「四七歳で幹事長、五四歳で首相という具合に記録的な若さで出世してきた俺は、もう四〜五年は総理を務められる若さ、気力体力を兼ね備えている」

ただ、内心では刑事被告人という大きなハンディキャップを抱えていることに、当の田中自身も気付いていたはずだ。だからこそ、敢えてこれを否定し、強気を装わざるを得なかったのだろう。

無理に強気に振る舞うスタンスは、田中から下方や後方を見やる配慮を奪った。この配慮や気配りこそ、田中の最大の武器と言えるものだったにもかかわらず……。

田中には、彼より六歳下の竹下登を筆頭に、梶山静六《かじやませいろく》、渡部恒三、羽田孜《はたつとむ》、小沢一郎ら若手政治家の心情が、次第に理解できないようになっていたのだった。

竹下とは姻戚関係にあたる金丸信も、彼をぴったりと後押ししている。

竹下登、大正一三年二月、島根県にて造り酒屋を営む父・勇造、母・唯子の長男として誕生。昭和二二年、早稲田大学卒業。中学教師を経て二七歳で島根県議に当選した。ちなみに、中学教師といっても実は代用教員で、就職の際には校長から「DDTとPTAの区別さえつけばいいと言われ、県議になるまでの生活費稼ぎのつもりで英語を教えた」と、生前の竹下は語っている。

「二〇代で県議、三〇代で代議士、政務次官、四〇代で大臣、五〇代で首相……」という人生

竹下　登

構想を抱いていた竹下は、その構想どおり、三四歳で代議士になった。

初当選を果たしたころの竹下は、絶えず金策に追われていた。そこで同期の金丸と共に、派閥のボス・佐藤栄作のところにカネの無心に出向いた。二人は大きな風呂敷やボストンバッグを持参していたが、佐藤が取り出したのは一万円札で一〇〇万円の札束。これでは胸ポケットに収まってしまう。二人は風呂敷やバッグを見せ、「もっとたくさん、入る余裕があります」と頼み込むと、佐藤は「それならば一万円札でなくて一〇〇円札に替えてやるよ」と言ったので、慌てて佐藤邸を辞したという。これは竹下がしばしば語ってみせた有名なエピソードだ。

竹下が初めて佐藤派・周山会事務所に挨拶に出向いた際、そこに偶然、田中がい

た。「おー、新人か。しっかりやれよ」と大声で激励した田中は、すでに当選六回を数えている。この時点では、年齢も六歳下の竹下が、のちに自分に反旗を翻すようになるとは思いも寄らない。

ただ、親分の佐藤の口を通じて時折、竹下の名前を耳にするようになると、「彼には早大雄弁会人脈が与野党に幅広くある。俺にも負けないぐらいの気配り上手な奴らしい。これは警戒すべき男だ」と徐々に認識を改め始める。

〝奴をしっかりと手なずけておこう〟と決めた田中は、自分の元で国会対策のノウ・ハウを教え始めた。すると竹下の飲み込みは素晴らしく早い。〝これは有望株〟と田中は思い、師匠役としての自負心を高めていく。だが竹下はそうは思っていない。「角さんのお蔭というよりも、豊富な早大雄弁会人脈のお蔭だ」と割り切り、田中に恩義を感じる気持ちは皆無に近い。このギャップは両者の今後に大きな影響を与えていくことになるのだった。

羽田と梶山の「角栄評」

田中、竹下の両者から、その素直な性格ゆえに可愛いがられた羽田孜は両者をこう評していた。

「二人には〝来る者は拒まず〟という姿勢がある。政敵であろうと、なんであろうと、面会を求められたら、もう喜んで会ってしまう。一般的には裏切り者と言われる人や、自分を中傷した人が来ても、〝いやいや、まあまあ、そんなことはもういいよ〟と言って会う」

羽田同様に田中、竹下と親交を結んできた梶山静六はこう言った。

「オヤジ（田中）は本気で総理総裁の座に返り咲こうと思っている。そんなことが許されるはずがない。竹下という立派な後継者が派内にいるのだから、早急に代替わりをするべきだ。この思いは竹下や金丸も同じなのだ。だから代替わりを認めることがオヤジのためになる。もし、そうしないならば残念ながら一揆を起こすしかない」

だが、田中は「俺が育てた連中が俺に逆らうわけがない。皆、俺が無罪を勝ち取るのを待っているはずだ」と信じて疑わない。

竹下は次第に焦りを強めていく。

「その裁判に五年も一〇年もかかってしまう。それを待っていては首相になる機会を逸してしまう。それが角さんの狙いならば、もう我慢してはおられぬ」

田中と竹下の亀裂は、三木政権でついに表面化する。

梶山静六

羽田　孜

建設相の仮谷忠男《かりやただお》が急死した際、海部俊樹《かいふとしき》官房副長官と竹下が早大雄弁会の後輩先輩の関係を活用して、竹下が抜け駆け的に後任建設相に納まった。建設畑は田中のドル箱にもかかわらず、竹下からは何の事前連絡もなかった。この時、田中は激怒しつつも、静かなる竹下の野望を初めて感じ取った。以来、竹下への警戒心を極端に強めていく。

　ある時、田中は「県会議員上がりや連続当選できずに途中で落選経験のある代議士は、日本では絶対に首相になれぬものだ」と、島根県議出身の竹下を露骨に牽制。この言葉に竹下の盟友である金丸が嚙みついた。

「角さんは総理に返り咲くまでは、実質的な派閥会長の座を後輩に譲らぬつもりだ。他の派閥では領袖の世代交代が進行していくのに、田中派木曜クラブがこの調子では時代に乗り遅れてしまう」

「世代交代の進行役を、大正生まれの俺が敢えて務める」と金丸は言い、田中に知られぬように梶山、渡部、羽田、小沢らと個別に会い、慎重に密談を続けていった。

中曽根政権で幹事長に就任した金丸は、一気に〝田中城討伐〟のシナリオに走った。昭和五九年一二月二五日。夕方から雪がチラチラと舞い始めたクリスマスの夜。東京・築地の料亭「桂」には、金丸がかねてから人選していたメンバーが集められていた。橋本龍太郎、小渕恵三、梶山、羽田、小沢、田原《たわら》隆、中島《なかしま》衛《まもる》、保利耕輔、中村喜四郎、額賀《ぬかが》福志郎の衆議院議員。遠藤要、井上孝の参議院議員に、竹下と金丸を含めて合計一四人である。

金丸は普段は眠っているように見える目を、この時ばかりはカッと見開いた。

「このままでは木曜クラブは駄目になっちまう。いつまでもヨソの御輿を担ぐわけにはいかん。我が派にも立派な首相候補がいる。竹下クンに腹をくってもらう時がやってきた。それにはまず勉強会を作ってやりたいのだが、竹下クンの決意をここで聞きたいものだ」

顔を紅潮させて挨拶する金丸。参加者はその言を一言も聞きもらすまいと息を詰めている。緊迫感が、部屋中一杯に広がった。

指名を受けた竹下が緊張した表情で立ち上がる。

「私のすべてを燃焼させ、六五歳までに政界を引退する覚悟です。我が身を皆さんにお預けいたしますから、どうぞよろしく」

この時、竹下はすでに六〇歳。五〇代で首相になるという当初の夢は、すでに破れている。最初にして、最後の大勝負が目前に迫っていた。

その後、既成事実を作って田中が反対できない状態に持ち込んでから、竹下が田中の了承を得にいくことが確認された。

「創政会」結成の動きは、こうして一四人だけの絶対秘密事項として始まった。

派閥乗っ取り

一週間が経ち、昭和六〇年が明ける。

目白の広大な田中邸には五五〇人の年賀客が訪れた。田中は上機嫌でオールドパーを飲み、「沈黙は金だ。謹賀新年、正月元旦」と異例の短い挨拶を済ませると、後方にいた竹下に向かい、「あとはキミがやれ」と言って引き下がった。田中はまだ、何も知らない。

すると竹下はとんでもない挨拶を始めた。

「こちらに伺う前に宮中参賀に行き、安倍晋太郎外相と並んでいたら、労相の山口敏夫が『次を狙う大臣《おとど》の揃い踏み』と冷やかすので、『そう思った瞬間に後回し』と返答しました」

参会者からドッと笑い声が上がる中、橋本や小渕は〝あんなことを言って、角さんにバレたら大変だ〟と、背筋がヒヤリとする思いで聞いていた。

竹下は大胆にも一月二四日の田中派新年会の席でも、「一〇年経ったら竹下さん」という得意の替え歌を田中の目前で歌ってみせている。この時点で秘密会のメンバーは二五人に増えており、田中がそれに気づいている様子もない。竹下は自信を深めつつあった。

その三日後の夜、竹下は目白の田中邸に出向いた。

「派内の一部を集めて勉強会をやりたいのですが……」

恐る恐る切り出す。本当の狙いを知らない田中は、オールドパーを飲みながら鷹揚に答えた。

「それは結構。早大OB会のような色のついたものではなく、公平な会でやれよ。焦らずにじっくりとな。中曽根だって我慢を重ねたから首相になれたのだ」

竹下たちの作戦勝ちだ。「角さんの許可を得ている」ということで、一気に参会メンバーは七十余人にまで増えた。これを見た派内反竹下グループの江崎真澄《えさきますみ》、田村元、山下元利、小沢辰男《おざわたつお》などの幹部が続々と目白を訪れ、「あれは派内派を作る分派活動であり、田中潰しが狙いです。大火事に至る前のボヤのうちに消すべき」と進言した。

「竹下や金丸は、俺が手塩にかけた小沢や羽田まで連れていく気なのか。俺は佐藤派閥を辞めるのを待って決起したのに、竹下は俺がなにも言っていないうちから派閥乗っ取りをやるのか。二人とも破門だ」

田中は怒りも露に吐き捨てると、即座に切り崩しを始めた。二月七日の創政会会合に集まったのは四〇人程度に減っていた。

それでも田中の怒りと不安は増大する一方で、酒量も一段と増している。

二月二五日の〝羽田を励ます会〟に出席した田中は、

「最近は世代交代とやらで、オマエもそろそろ引っ込んだらどうだ、なんて声もするが、まあ、召される時はいや応なしに神様が引っ張っていってくれるものだ」

と、壇上から赤ら顔で満場の参会者にスピーチした。そして翌日の夜、田中派さかえ会の宴席に出て、「愚者は語り、賢者は語らずだ。俺もそろそろ酒を控えめにしなきゃな」と言い残して退席した。

その翌日の二月二七日の午後五時過ぎ。自宅で昼寝から目が覚めた田中は、トイレに行こうと思ったが、右手足がしびれて立ち上がれない。そのうち腕もしびれだした。顔面も麻痺してきたようだ。

田中は極秘入院したものの、翌日には「角栄入院」のニュースが、衝撃と共に全国へと広がっていった……。

「親父」の意向

田中の詳しい病状がわからないなかで、娘の眞紀子は強引に父を退院させ、自宅療養に切り替えた。同時に秘書の早坂茂三や佐藤昭子らとの絶縁を発表。平河町にあった田中の個人事務所の閉鎖も決めた。さらに年末の中曽根内閣改造の直前には、娘婿の直紀《なおき》が「親父は竹下蔵相の留任を望んでいない」と発表するに及んだ。

これら一連の出来事を、永田町界隈では田中の意識回復がなされていない証拠と受け止めた。すべては娘の眞紀子の独断に違いないと。イギリスの女性首相・サッチャーに絡め、彼女に〝鉄の女〟というニックネームがつけられたのもこのころだ。

翌昭和六一年六月。田中は地元・長岡市の後援会幹部に宛て、次のような内容の書簡を送っている。

「昭和二二年初当選以来三十有余年、日本と郷土繁栄のために走ってきた。昨年二月、脳梗塞のために倒れたが、一日も早い完全回復に向けリハビリに取り組んでいる。今しばらくの時とお心をいただきたい。私は渾身の力をふりしぼり、二〇世紀の政治の総仕上げのために、一汗も二汗もかく決意をしている」

田中、あるいは田中家の再起へ臨む強い執念の表明だ。そして、地元後援会に支持継続を依頼するとともに、自分を蔑《ないがし》ろにして世代交代を進行させようとする竹下や金丸に対する牽制の狙いもあった。

その田中に同調するかのように、二階堂進が目白を訪れ、田中と面会する。二階堂は「回復ぶりは順調であり、近い将来に国会に姿を見せるはず」と強調してみせた。だが、時の首相・中曽根は、決してそれが容易でないとの情報を得ていた。「田中曽根内閣」と揶揄された中曽根にとって、田中から独り立ちできるか否か、情報収集には余念がなかった……。

「軽い脳梗塞とはいえ、意識はかなりしっかりしていて判断能力もある。近日中にはきっと再起できる状態だ」

二階堂と眞紀子は、それからも折に触れて、田中再起説を唱え続けた。ただし、二人の思惑が一致していたわけではない。

眞紀子は、創政会結成によって田中が政界から完全に消されていくことが我慢できない。〝竹下は許せない〟と感情的になっている。一方、二階堂は勘定的に、角栄再起説を流していた。二階堂の勘定とは福田、三木などの党最高顧問を抱き込んで、中曽根を倒して自分が首相になることである。そのためには、中曽根が田中から独り立ちし、長期政権を目論むことは避けねばならなかった。

この二階堂シナリオをいち早く察知していたのが、当の中曽根である。

そのため、竹下には幹事長、蔵相、金丸には副総理、幹事長などの中枢ポストを与え、創政会結成においても、裏面から応援してきた。

「自分に揺さぶりをかけてくる二階堂と福田を弱めるためには竹下と、福田の後継者にあたる安倍晋太郎、つまり〝安竹〟を取り込めばいいのだ」と中曽根は明快に決めていた。

こうした中曽根の動きに、危機感を募らせていたのが小沢一郎である。

「このままだと木曜クラブは二階堂系と竹下系に分裂してしまって第一派閥の座を福田派に奪われかねない。それでは角さんに申し訳ない」

そこで、二階堂との直談判に及ぶ。

「二階堂先生は七〇歳を越していて首相は無理だから、衆議院議長を目指す。その代わりに若い竹下氏を将来の首相候補とする役割分担で妥協して欲しい」

二階堂は表面上、これを承諾。しかし、「では、この構想を角さんに伝えて欲しい」と要望する小沢に対してはナマ返事で、敢えて田中に伝えなかった。

二階堂は、まだ自分が首相になる夢を捨てきれずにいた。

娘・眞紀子への怒り

田中派の分裂騒動を横目に、中曽根が仕掛けたのは昭和六一年七月の衆参ダブル選挙だった。これを実施するには「二階から目薬をさす」ほどに難しい情勢であったが、中曽根は密かに幹事長の金丸とも連絡をとりながら、野党の虚を突いた。その結果、自民党は衆議院で追加公認を加えて未曾有《みぞう》の三〇四議席を獲得する大圧勝。中曽根は「まさに神の声、天の声だ」と喜び、内心では〝これで任期延長の論功行賞を得られて、さらに一～二年間は首相を続けられる〟とほくそえむのだった。

金丸は中曽根の胸中を見抜き、いち早く中曽根の任期延長論を自らぶち上げるとともに、幹事長の座を竹下に譲った。これはポスト中曽根の最有力候補に竹下を位置づけようとする金丸の思惑であった。

昭和六二年元旦。竹下は年賀挨拶のために目白の田中邸を訪れた。しかし、その広大な門は開かれず、完全な門前払いを喰らってしまった。竹下は眞紀子によって公衆の面前で大恥をかかされてしまったのだ。「眞紀子だけは許せない！」と、竹下、金丸を筆頭に橋本、小渕らも皆、激怒する。

田中vs.竹下の決着の時が近づいていた。

昭和六二年五月。東京・芝の東京プリンスホテルで「竹下幹事長激励の夕べ」が開かれた。筆者もここに参加したのだが、ホテルに近づくにつれて交通渋滞が激しくなってくる。〝これは大勢の参会者が来るな〟と予想したが、三〇〇〇人収容の会場に一万三〇〇〇人もの人が参加しているというので、改めて驚かされたものだった。仕事柄、筆者は最前列で会の進行を見守った。この会の最大の注目点は、田中派議員の何人が出席するかであり、多いほど田中は竹下に抹殺されるという事実が証明される。

最初に渡部恒三が「この会は田中先生の後継者にあたる竹下幹事長を次の首相にしようとするものです」と声高に檄を飛ばすと、超満員の参会者は大きな拍手。そして閉会直前に司会の中西啓介が声をふるわせて、「たった今、田中派の先生たちの御出席が一二〇名を突破しました」と報告。一四一名の所属議員のうちの九割近くが竹下を後継者と正式に認めたのである。竹下、金丸、そして小沢や羽田も大喜びする。逆に二階堂グループはたったの一五人。残りの後藤田正晴らは中間派だ。竹下は田中－二階堂ラインに、この会で圧勝したことになる。

竹下が中間派も取り込んで独立、経世会を旗揚げするのは、それから約二ヵ月後のことだった。

その後の竹下についても、簡単に触れておこう。

中曽根裁定により、昭和六二年一〇月二〇日未明に後継指名された竹下は、念願の首相に就任する。六三歳になっていた。「一〇年経ったら竹下さん」の替え歌が、やっとの思いで実現したのを、しみじみと全身で味わうのだった。

「角さんの政権は二年五ヵ月間だったから、それ以上の長期政権を担当すれば角さんを乗り越えられる」

竹下はきっとそう願ったはずだが、実際にはリクルート疑惑などにより一年七ヵ月間で退陣。ただ、大平、中曽根が果たせなかった間接税導入を「消費税」という名目で、国会対策を駆使して実現したことは特筆に値するだろう。その消費税に対する国民の反発が、退陣の理由の一つであったとしても……。

無念の退陣表明のはずだが、その表情にはいささか余裕めいたものがあるようにも見受けられた。というのも〝辛抱〟の二字を骨の髄まで熟知している彼は〝ここで無理して正面突破を目論むのは危険。一歩後退して二歩前進するのが得策〟と判断。後任首相に指名した宇野宗佑《そうすけ》が〝三本指〟の女性問題で参院選で惨敗し、退陣に追い込まれると、次には早大雄弁会後輩の海部俊樹を選んだ。宇野は中曽根、海部は河本派の幹部であって決して派閥領袖ではない。つまり軽量級の首相でつないで、自ら再登板しようとしていたのだ。

結論から言えば、竹下の再登板は叶わなかったが、田中同様に〝院政〟を敷くキングメーカーとして、経世会門下生の橋本、小渕、派閥こそ異なるが早大雄弁会の後輩・森喜朗という三人を首相として送り出した。

「これでやっと角さんに負けない立場を確保することができた。自分には早大雄弁会の後輩たちが多くいたからこそ、こういう立場に立てたわけだが、角さんはまったくの独力でのし上がってきた。そのバイタリティーは本当にすごかった。この部分ではやはり角さんには負けているわなぁ……」

竹下はしみじみと、田中のかつての勇姿を思い起こすのだった。

第七章
中曽根康弘 vs. 三木武夫

あいつには政治家として
信念がない

風見鶏とバルカン政治家

〝三角大福中〟の五人はいずれも首相になったが、本章ではその中でも中曽根康弘と三木武夫の抗争について記す。

中曽根は大正七年、群馬県高崎市の材木問屋に生まれる。高崎中学、静岡高、東大を出て内務省の役人となり、昭和二〇年の終戦の時は海軍主計将校。昭和二二年の総選挙に出馬し、二八歳で初当選した。同期生に田中角栄がいる。

対する三木は明治四〇年、徳島県板野郡の半農半商の家に生まれ、明治大学卒業。昭和一二年に中央政界入り。学窓から議会に直行し、サラリーマン経験がないのを誇りとして、自ら「議会の子」と名乗る典型的な党人派政治家だった。

両者に共通するのは、自民党に辿り着くまでに回り道をしていることだ。中曽根が民主党↓国民民主党↓改進党↓日本民主党↓自民党、三木は協同民主党↓国民協同党↓国民民主党↓改進党↓日本民主党↓自民党という道を辿った。吉田茂を頂点に、池田勇人や佐藤栄作といった「保守本流」とはほど遠い存在だったのである。

中曽根はそれを自覚していたのか、若いころから吉田内閣の時代に起きた造船疑獄を厳しく追及して〝青年将校〟の異名を得たかと思えば、「憲法改正の詞」を作詞したり、首相公選論を主唱したりするなどして、派手な動きで勇名を馳せた。その中曽根より政界で十年先輩にあたる三木は、出世の面で後れを取っていたが、議員になって三年目の昭和一五年、昭和の財閥・森コンツェルンの総帥・森矗昶《のぶてる》の娘・睦子と結婚したことで、カネ集めに苦労する必要がなく、「クリーン三木」のイメージとともに着実に地歩を固めていった。

三木武夫（左）と中曽根康弘

つまり、中曽根と三木は保守本流とは外れたルートで派閥領袖に収まり、最後には首相にまで登りつめたという共通点を持つ。両者がその過程で「風見鶏」（中曽根）、「バルカン政治家」（三木）という、似たような意味を持つニックネームを戴いているのも興味深い。ドーンと構えていればいい保守本流の面々と違い、それだけ機を見るに敏でなければ生き残っていけなかったということだろう。

策に溺れた策士・三木

昭和三〇年の保守合同による自民党結党の際、中曽根は党人派領袖の河野一郎の派閥に属するが、ここで頭角を現して河野没後には中曽根派（新政同志会）を結成。「時の総理と近い距離にいないと政権を取れない」との名言を発して、急遽、佐藤首相に接近し、防衛庁長官や総務会長を歴任する。

佐藤の下で働くうち、「やはり、東大卒業者が国家を動かすのが好ましい」と自信を深めるものの、佐藤に近い所には同じく東大卒業の福田赳夫がいる。福田とは中選挙区時代の群馬三区で激しい上州戦争を永年にわたり展開してきたライバル関係にある。そのため、ポスト佐藤の座を巡る「角福戦争」の際には、佐藤を裏切る形で田中支持を表明。のちに「田中曽根内閣」と揶揄されながらも、首相の座を得ることにつながった。しかも、田中、三木、福田、大平が各一期で首相を辞任していくなかで、最後に首相になった中曽根は〝残りものに福あり〟の語そのもので、五年間の長期政権を誇示した。

当時の自民党は百余名を抱える田中派を筆頭に福田、大平の各派が三大派閥の地位を占め、五〇名弱の中曽根派は中派閥、三〇名前後の三木派は小派閥と位置づけられていた。それ故に三大派閥で政権のたらい回しをしていくのが通例になっていた。

ただし、三木の場合、〝金脈の田中〟退陣の後を受け、当時の党副総裁・椎名悦三郎の裁定により、「金脈の後はクリーン三木で」という理由で首相に就任できたラッキーな面があった。現にこの直後、椎名はこう語っている。

「本来ならば福田か大平にやらせたかったが、どちらかに決めると、負けた者や一派が党分裂をしかける危機があった。これを回避するには、不本意ながら三木に決めるしかなかった。もっとも三木は、せいぜい数ヵ月間のワン・ポイント・リリーフ役だがね」

自民党総裁の椅子につく三木

そうした思惑を知りつつも椎名指名を内諾した三木は、早々に党の要《かなめ》の幹事長に中曽根を選ぶ。
「三大派閥に対抗するには、中小派閥の両者が強固に協力するしかない」
三木はそう考えた。中曽根にとっても「幹事長職はいずれ首相を狙うのに大歓迎のポスト」と考えているから断る理由はない。内心では三木を格下視している中曽根だったが、そこは「風見鶏」と言われた男である。おくびにも出さず、三木人事に乗った。
ちなみに、中曽根は一八〇cm近い長身であるのに対し、三木は一六〇cmしかない。二人が並ぶと、どうしても中曽根のほうが立派で貫禄に満ちて見えた。これもまた、中曽根が優越感を覚える一因ではあったろう。

もっとも三木とて、単なるラッキーで首相になれたとは思っていない。小派閥を率いて並々ならぬ苦労もしてきたのだ。

昭和四九年夏の参議院議員選挙で自民党が敗北するのを見て、三木はそれが田中金権政治への有権者の反発と直感し、ただちに副総理兼環境庁長官の職を辞す。その後に福田蔵相、保利茂行政管理庁長官も相次いで辞任表明。この時期、三木は福田と赤坂の料亭で極秘に会い、自らの思いをぶちまけている。

「自分は三〇名の手勢を連れて自民党を離党する決心をしている。そうすれば田中政権は倒れるし、自民党も分裂する」

福田は三木の言葉に驚き、こう返すのが精一杯だった。

「そう早まってはいけない。我が輩は保利クンと相談してみるから……」

福田の返答に、三木はにんまりしたに違いない。「福田は保利と親しいので、自分が分裂話をすれば、福田の口から保利に伝わる」と確信していたからだ。そして保利は椎名とも親交を結んでいるので、「三木が党を割るかも知れない」という情報は必ず椎名にも伝わる。そうなれば、党分裂を危惧する椎名は、自分を田中の後継首相に指名する可能性が高い……。そこまで計算を働かせていたのである。結果は先述したように、三木の描いたシナリオどおりに進んでいった。

ここに三木の強烈な権力欲と権謀術数を垣間見ることができる。しかも椎名裁定の連絡を受けると、「青天の霹靂《へきれき》」と心底驚いたふりをしてみせている。

ここまで自分の思惑どおりに来た。次は数の力にモノを言わせて院政を目論む田中を排除するに限る。そこで、ロッキード疑惑で田中が逮捕されるように仕向けた。「クリーン三木」のイメージを大きくＰＲできれば、世論を味方に小派閥のハンディを覆し、長期政権の道も見えてくる……。

だが、当事者の田中はもちろん、三木のシナリオに利用されていたことに気付いた福田、保利、さらに椎名の怒りまで買ってしまい、一気に〝三木降ろし〟につながってしまう。

これは明らかに三木の計算違いだった。

いわば「策士、策に溺れる」の典型である。ビジネスマンなど組織に属する人にとっても、三木のケースは示唆に富んでいるのではないか。立場の弱い者が策を用いて強者に立ち向かい、勝利を収めたとする。そこまではいい。しかし、そこで勘違いして同じような策に溺れれば、強者たちの反発はより大きなものになり、最終的には敗北を招く。

勝負の時を見極める

そこへいくと中曽根は賢明だった。

〝三木降ろし〟の光景を静かにながめていた幹事長の中曽根は、「三木は小派閥で常に精一杯の背伸びをしながらサバイバルしてきた。だから三大派閥すべてを敵に回すような無茶苦茶な策に打って出た。自分は決してあんな無茶なことをしてはいけない」と、しっかりと胸に刻んだ。

もともと中曽根は、佐藤、池田に対しては官僚出身の先輩として気を遣い、田中には初当選同期の友情を示し、大平、宮沢にも官僚出身者として充分に配慮をしてきたつもりだ。しかも、党人派の大親分・河野一郎のもとで、彼が佐藤栄作に何度も立ち向かいながら、最終的に無念の思いの中で亡くなった姿も見ている。

椎名裁定によって格下の三木に先を越されたのは計算外だったが、その後に福田、大平と続いたのは、大派閥の二人だから仕方がない。ところが大平の急死で同派の幹部・鈴木善幸が登場。鈴木は長らく総務会長を務めてきた党務一辺倒の実力者だが、政策面では決して卓越する面を有していない。中曽根にとって、ついに勝負の時がやってきたのだ。

当時、鈴木は大平の遺志を引き継ぐ形で、財政破綻回避のための行政改革を表看板に掲げていた。「これは国民の理解を得られるし、大蔵省も喜ばせる政策だ」と、中曽根は直感した。

自ら行政改革担当大臣のポストに名乗りを上げると、鈴木も「うるさ型の中曽根は野に放っておくよりも閣内に取り込み、行政改革政策で連帯責任を負わせるのが得策」と判断し、中曽根の就任を認めた。

鈴木が二期目の総裁選出馬を辞退するタイミングで、椎名裁定のように首相ポストをあてがわれるのは御免とばかりに、中曽根は機先を制する形で出馬を宣言。

昭和五七年一一月に行われた総裁選、中曽根の敵は三木派を継承している河本敏夫だった。マンモス大学と呼ばれる日本大学卒業の河本は、総裁予備選挙を握る党員党友票で、多くの日本大学OB票を保持している。加えて三木が「中曽根ごときに負けてなるものか！」と必死になって河本支援を展開。久々に表舞台に登場して張り切る三木の姿を見て、中曽根の闘争心は一段と高まってくる。

「〝三木降ろし〟に走った田中、大平両派は自分を応援してくれるし、〝勝ち馬に乗ろう〟と最後には福田派も加わってくるはずだ。河本には絶対に勝てる」

中曽根はそう確信し、事実、そのとおりの結果で圧勝する。

余談だが、この総裁選において裏で大活躍したのが、田中から「中曽根支援」の命を受けた後藤田正晴だった。旧内務省で中曽根の先輩だった関係に加えて、彼自身が参議院議員選挙に初出馬する際、選挙区の徳島で〝三角代理戦争〟と騒がれるような選挙戦を、三木派の久次米《くじめ》健太郎と展開してきた経緯もあった。勢い、中曽根支援にも熱が籠もっていた。

これで三木・中曽根の両者とも首相に就いたわけだが、かたや実力者からの指名、かたや総裁選での勝利と、その方法は異なる。

それ以上に中曽根がこだわっていたのが、「三木みたいに何回も総裁選挙に出馬するようなバカな真似はしない」という思いだった。

三木は昭和四三年の総裁選挙の目前に「男は一度、勝負する」と述べて初出馬し、現職の佐藤に二四九票対一〇七票で惨敗。続いて四五年にも佐藤に挑戦し、三五三票対一一一票の大差で敗北。四七年には田中、福田、大平と競ったが、これもわずか六九票しか取れずに三連敗を喫している。

何度も立ち向かっては敗れる三木の心の奥底には「佐藤が長期政権でなかったのな

らば、そして田中があんなに極端に〝数の力〟に依存しなかったならば、自分の戦前からの長年の政治キャリアからして、総理になれて当然だ」という思いがあった。

対照的に中曽根は、自分こそ総理にふさわしいと自負しつつ、その野望は腹にしまい、大派閥の面々ともうまくやってきた。昭和五三年の総裁選で敗れた後は静かにタイミングを計り、見事に勝利したのである。

三木はそんな中曽根をこう評している。

「自分はバルカン政治家と呼ばれてきたが、その底流には必ず政治信念を伴っていた。しかし、風見鶏・中曽根にはその信念がまったく見受けられない。その信念があるか否かが政治家にとっては最重要のポイントなのだ」

これを正論と取るか、ライバルへの皮肉と取るか……。

最終的な勝者はどちらか

さて、この勝負、最終的にどちらが勝ったのか。首相在任期間では五年間の中曽根が二年間の三木を圧倒。首相時代の実績面では、中曽根が行政改革で三公社を民営化する道筋を作った。三木も金脈政治打破のために政治資金規正法の改革に臨み、成立させてはいるが、「これは実情に合わない厳しい内容」との党内の批判を受け、元に戻すよう大幅に改めざるを得なかった。ここでも中曽根の勝ちは揺るがない。

ただ、現在の政界をながめてみると、様相は異なってくる。かつての第四派閥・中曽根派は途中でミッチーこと渡辺美智雄に継承されたが、渡辺の死後、山崎拓《やまさきたく》が独立し、現在の石原（伸晃《のぶてる》）派となった。中曽根直系を自負した「政策科学研究所（政科研）」も渡辺系の伊吹文明《いぶきぶんめい》が継承したものの、今日では元々、田中‐竹下派だった二《に》階俊博《かいとしひろ》にバトン・タッチされ、純粋な中曽根直系の派閥は存在していない。

他方、三木派は河本敏夫、海部俊樹（会長には就かず）、高村《こうむら》正彦、大島理森《ただもり》、山東《さんとう》昭子に引き継がれ、現在でもわずか一一名ながら小派閥としてしぶとく残っている（二〇一七年二月現在）。しかも三木に次いで海部が首相。高村は党副総裁、大島は衆議院議長、山東は参議院副議長を務めるなど、ポスト獲得面ではきわめて効率がいい戦果を残している。

第八章

海部俊樹 vs.竹下登

小派閥にも意地はある

知られざる海部の凄み

海部俊樹。昭和六年一月、愛知県名古屋市生まれ、昭和二六年三月に中央大学専門部法科を卒業、二九年三月に早稲田大学法学部卒業。この間、衆議院議員の河野金昇《こうのきんしょう》に師事。河野から「世の中を救いたいと思うならば政治家になれよ」と勧められて、昭和三五年の総選挙で愛知三区から初出馬して初陣を飾っている。

全国最年少、二九歳の若さでの中央政界入りだった。

海部は筆者に、当時を振り返ってこう語っている。

「新人だから何の肩書もつかない。そこで、当時はまだ明治・大正生まれの政治家が多かったので、昭和生まれの西岡武夫、橋本龍太郎、小渕恵三ら九人の議員を集めた。私はその場で『みんなで〝昭和会〟という会を結成しよう。僕が発案者だから会長になる』と一方的に宣言した。そして名刺に『昭和会会長』という肩書を入れるようにした。

ところが、その直後に自民党幹部から『党内に青年局を新設するので、初代の青年局学生部長になってくれ』と依頼されたんだ。この肩書のほうが、『昭和会会長』よりも見栄えがいいと思って、すぐに名刺をすり直したのさ」

海部俊樹

彼は政界入り当初から、非凡な存在として注目されていた。

早稲田大学の雄弁会に入会した彼は、その会内の演説会に参加。他に藤波孝生、渡部恒三らも参加していた。全員の演説終了後に審査委員が優勝者を発表。時子山《とこやま》常三郎教授（のちの総長）は、「本日の結果を発表する。私はこれまでに多くの弁論を聞いてきたが、本日の海部俊樹クンの演説に勝るものは、未だかつて耳にしたことがない。まさに海部の前に海部なし、海部の後に海部なし、ということです」との最大級の賛辞を送り、海部の優勝を発表したという。

こんなわけで政界入り前から雄弁家として知られるようになっており、また、常に水玉模様のネクタイを締めているのも大きなセールス・ポイントになっていた。

小派閥の三木派に属すが、三木からも特に目をかけられて、三木内閣の時に当選五回生で内閣官房副長官にも抜擢されている。

その海部が全国区の知名度を得たのは、昭和五〇年一二月のこと。八日間に及ぶ国鉄（現ＪＲ）

の「スト権スト」の際に、政府の窓口として組合や野党との折衝やマスコミへの広報担当として連日、テレビに出演したことがきっかけだった。

そんな海部に目を付けたのが、彼と同じく雄弁会出身の竹下登である。

「いざという時には、海部を通じて三木派を取り込もう」という狙いも秘め、竹下は海部を積極的に飲食に誘う。そのお蔭もあって、海部は順調に頭角を現していったのである……。

時は流れ、わずか一年七ヵ月の短期政権で首相の座を辞した竹下は再登板を目論んでいた。自ら指名した中曽根派の宇野宗佑がたった二ヵ月間で退陣を余儀なくされると、次に海部に目をつける。「彼も河本派（旧三木派）の代貸しにしか過ぎないから、ワン・ポイント・リリーフとして活用できる」と。

ちょうどこの時期、平成元年七月に筆者は某週刊誌の依頼を受け、早稲田大学雄弁会特集を五回にわたり行う企画責任者になった。「第一回目は海部にインタビューすることにしよう」ということになり、七月下旬に行う約束を彼に取りつけた。

するとその直前に海部から電話が掛かってきた。

「悪いがインタビューは中止にして欲しい。しかし、約束の日時は空けてあるので、貴君が単身で来て欲しい。念のために言うが、雑誌社の記者やカメラマンは同行しないでくれ」

〝おかしな対応をするな〟と思いつつ、約束の日時に、国会裏にあるTBRビル一〇階の海部の個人事務所を訪ねた。彼は神妙な表情で切り出した。

「絶対に口外しないで欲しいのだが、竹下から『キミが次の首相をやれ』との話が内々で来ているのだ。そこでその対処法をキミに事前相談しようと思ってね」

正直言って驚いた。

少々長くなって恐縮だが、この時の彼との会話をすべて記させてもらいたい。海部俊樹という政治家の知られざる凄みが感じられるはずだ。

僕は七〇歳までやりたい

――海部先生、絶好のチャンスではないですか。当然、お受けになるべきですよ。

「いや、そう簡単に考えてはいけない。竹下は弱小派閥の長である河本を差し置いて、僕にやらせようとしている。そして秋の一一月ごろには衆議院を解散させようと考えているんだ。

今月下旬の参議院選挙で、宇野は自らの女性問題、リクルート事件、消費税の三点セットで惨敗した。わずか四ヵ月後に総選挙をしても結果は同じで、自民党は惨敗する。そこで僕は責任を取って首相を辞めさせられ、次に竹下は安倍晋太郎を持ってくる。安倍はリクルート疑惑で名前が挙がった一人だが、総選挙で当選するのは間違いなく、リクルートの禊《みそぎ》は済んでいるという口実が立つ。そのうえで総裁選となれば、きっと安倍が勝つだろう。いわばこれは〝安竹関係〟の友情だ。

しかし、安倍の健康状態では首相の座は三ヵ月くらいしか務められないはずだ。竹下もそれはわかっている」

――すると、どうなっていくのでしょうか？

「緊急入院した安倍は、自分側の立会人に三塚《みつづか》博、竹下側の立会人として小渕恵三を呼ぶという条件で、竹下に見舞いに来るように仕向ける。その席で安倍は『竹さんのお蔭で悲願の首相になれたが、もう健康状態が無理だ。後継は竹さん、キミがやってくれ』と依頼する。立会人の二人は雄弁会で竹下の後輩にあたるので、竹下の再登板が容易に達成されることになるわけだ」

――でも、それはあくまでも想像上の話ですね。

「いや、竹下はそのくらいのことをやってのける男だよ。要は自らの再登板を果たすために、まず僕がわずか三〜四ヵ月間の使い捨ての首相にされるわけだ。

そうなれば五〇代半ばで、首相経験者として党最高顧問に棚上げされてしまう。僕は少なくとも七〇歳までは政治家をやっていたいのに、最後の一五年間前後を棚上げなんて絶対に嫌だよ」

――しかし、このチャンスを逃がしたら二度と首相になる好機はやってこないでしょう。三ヵ月間で棚上げされると決めつけるのは弱気すぎます。現に海部先生の師匠の三木さんだって、ワン・ポイントの繋ぎ役として椎名裁定を受けたが、首相として二年間は粘り抜いた。首相になれば、その強い立場を利用して延命をはかれるのではないですか。

「僕は自分の年齢からして、やるならば四年間はやりたいんだ。だが確率的には竹下シナリオによる三～四ヵ月間のほうが高いのではなかろうか……。ただ、キミが言うように、こんなチャンスは二度とやってこないかも知れないな。一つ慎重に、そして前向きに考えてみることにするよ。繰り返すが、僕が結論を出すまでは、このことは絶対に口外しないでくれよ。今日はどうもありがとう」

海部は竹下（左）の戦略を読み切っていた

この当時、海部は西岡武夫、小渕恵三、森喜朗らの雄弁会グループや、小沢一郎にも個別に極秘相談していたようだ。

どちらかと言えば、棚ボタで首相の座に就き、ラッキーだったと見られることの多い海部だが、その内実は綿密に自らの先行きを見通し、リスクもわかったうえで竹下の提案に乗ったのである。


翌八月初旬、海部は石原慎太郎、林義郎《よしろう》と総裁選挙で戦い、見事に勝利を収めた。

ここで彼は、「私が選ばれたのは二度とリクルート疑惑のような不祥事を起こさぬようにとの期待をかけられたからだ。そのために疑惑で名前が挙がっている人々は完全に排除する。師匠の三木と同様にクリーンな政治を求める政治改革を、小選挙区制導入も含めて、全力でやっていく」と声を大にして叫び、世論の喝采を受ける。「政治改革＝海部」のイメージを強調することで、自ら主導権を握る決意を明らかにしたのである。

同時に、竹下の腹心・小沢を幹事長に就けた。ここには竹下シナリオの阻止という明確な狙いがあった。竹下も小沢を海部の監視役にできるため、むしろ積極的に小沢幹事長誕生を後押ししている。

四七歳で幹事長になった小沢は、自らの顔を全国に広めていく。その勢いは竹下の想像以上だった。こうなると、竹下としても、すぐに解散せよと迫るのは難しくなる。海部は竹下シナリオにあった平成元年中の総選挙を、翌二年二月まで先送りさせることに成功した。

そして、この間、海部は政治改革へ向ける情熱を国民に訴えつづけ、総選挙では予想されていた自民党の惨敗を回避。二八六議席（追加公認含む）で単独過半数を維持した。これにより、海部の政治基盤は強まり、「政治改革を主唱していれば、長期政権が展望できる」と、この問題に深入りしていく。

だが、それが落とし穴だったのである。

社会党以下の野党各党は、小選挙区制導入に消極的だった。平成三年秋の政治改革特別委員会理事会で、海部が提出していた改革案の廃案が決定された。委員長の小此《おこの》木《ぎ》彦三郎は中曽根派で、竹下とは派閥こそ異なるものの、きわめて親しい関係にある。

小此木は語気鋭く、海部に迫った。

「廃案になったからには総辞職か、衆議院解散かの二者択一しか方策はない。さあ、どっちを選ぶのか」

竹下の盟友である金丸信も、追い打ちを掛ける。

「来年度予算案編成の準備をする時期に、政治改革を理由に総選挙をすることは許されない。となれば総辞職しかないだろう」

最大派閥のドンに脅された海部は小派閥の悲しさで、素直に従わざるを得なかった。これを見届けた竹下は、次は三塚に首相をやらせようと動き出す。竹下の意中にあった安倍は、すでにこの年の五月、世を去り、安倍派は三塚派に継承されていた。

ただ、金丸が中曽根派の渡辺美智雄を推したこともあり、竹下との話し合いの結果、妥協の産物として、竹下派は宮沢喜一を推すことに決めている。

この時、「竹下、金丸の意向で日本の首相は決められる」ことを世論にアピールするために行われたのが、小沢を「試験官」に立てての総裁選候補者の面接だった。小沢の個人事務所に呼びつけられた三塚、渡辺、宮沢ともに、小沢よりははるかに年長だった。

当時、竹下は筆者に語っている。

「自分は首相になるために三桁の億のカネを使い、在任期間は一年七ヵ月だったわなあ。自分が推した海部は投下資本ゼロで二年三ヵ月やったわなあ。世の中にこんな算《そろ》盤《ばん》勘定が合わん話はないわなあ」

独り言のように語りかけてくる彼の言葉を聞いて、筆者は〝まだ、竹下は再登板を狙っているのだな〟と感じたものだ。確かに、この時の竹下はまだ六七歳、宮沢よりも五歳若く、再登板は決して不可能な年齢ではなかった。

仲間割れを利用する

竹下派によって首相の座を追われた海部だが、逆襲の機会はほどなくやってくる。宮沢政権下で、竹下と小沢が次第に不仲となってきたからだ。小沢にすれば、竹下が再登板を狙えば、自分が首相になる機会が遠のく。かつて田中角栄が再登板するのを嫌った竹下が経世会を強引に結成したのと同様、今度は自分が竹下の再登板を阻止して、世代交代を進行させる番だと考えたのである。

この状況を海部は見逃さなかった。

「永年にわたって『奥の院』として自民党を支配してきた竹下の時代は終わりに近づいてきている。彼は自分の権力を守るのに専念してばかりで、新しい時代へ向けて攻める姿勢がない。ここで小沢が台頭してくれれば、時代が変わる可能性もある」

海部の読みはズバリと当たった。

経世会の主導権争いは激化し、〝七奉行〟のうち、竹下は橋本龍太郎、小渕恵三、梶山静六を味方につけ、小沢は渡部恒三、奥田敬和《けいわ》を取り込んだ。残る羽田孜の争奪をめぐり、竹下と小沢は火花を散らす。派内には羽田を慕う若手議員が多かったからである。この争奪戦は、小沢が当選同期の羽田に向かい、「孜ちゃん、貴君は熱心な政治改革論者だ。私と一緒になれば、貴君を首相にして改革ができるように応援するよ」と囁いたことで決着。こうして経世会は内部崩壊する。

余談だが、この分裂騒動のさなか、奥田が発した言葉は極めて重い意味を持った。

「私たち小沢グループは改革派であり、竹下さんたちは守旧派だ」

各マスコミはこの言葉に乗せられるように、両者を〝改革派〟と〝守旧派〟に色分けして、連日報道した。これにより、世間でも「改革派＝官軍」、「守旧派＝賊軍」というイメージができあがっていったように思う。

一方的に「賊軍」にされた梶山に、「この風潮をどう思うか」と尋ねたことがある。

「僕たちだって改革は必要と認めている。しかし何もかも一挙に素早くやろうとすれば、今まで良かったものも壊されてしまう危険が生じる。そうならないようにゆっくりと改めていこうと考えているのだ。対する小沢は小選挙区制導入などで、従前の中選挙区制を完全否定している。農耕民族の日本人には本来、中選挙区制がマッチしている。小選挙区制はアングロサクソン、すなわち狩猟民族にふさわしい」

筆者も梶山の考えに同調する要素が多い。たしかに四〜五人区の中選挙区制によって、自民党の派閥政治が横行した側面はある。現に角栄などは「五人区があれば党内に最低でも五派閥が存在するのは当然だ」と、筆者に語ったこともあるほどだ。

私論を述べれば、「一区三人の中選挙区制ならば派閥政治をおさえられる」という公明党の案が正解ではなかろうかと思われるのだが……。

よもやの自民党離党

話を戻そう。

海部は竹下派の分裂を見ながら、思案を巡らせていた。

「羽田、小沢らの『改革派』が今や世論でも主流となっているし、『改革派』として自分は彼らよりも先輩的立場にある。この事実を世論に再認識してもらえれば、完全に竹下を潰すことができる。守旧派の総帥・竹下は文字どおり古いタイプの政治家なのだ。思えば自分は竹下にさんざん利用され、振り回されてきたのだから……」

平成五年六月、宮沢内閣不信任案成立。これに前後して羽田、小沢らは自民党を離党して新生党を結成。宮沢は衆議院解散、総選挙に打って出て彼らと対決するが、選挙後に小沢は誰もが予想しなかった大バクチを仕掛けた。

日本新党を結成して〝殿〟として国民に人気の高かった細川護熙《もりひろ》を首相にするため

に野党八党派が連立政権を組み、細川連立政権を誕生させたのである。

よもやの自民党下野は、竹下の終焉を意味していた。竹下登、六九歳。細川は彼より一四歳も若い昭和一三年生まれだった。もはや「竹下再登板」を望む声は政界からも完全にかき消された。

その後、海部はもう一度、檜舞台に上がることになる。

平成六年六月、政権復帰を目指す自民党は、社会党、新党さきがけと組み、首班指名で社会党の村山富市に投票することを決めた。これに対し、新生党や日本新党の統一候補として海部が浮上したのである。海部が自民党を離党すれば、相当数の造反議員が出るという読みがあったからだが、結果はご存じのとおり、決選投票で村山に敗れている。

その後、新進党や自由党を経て、海部が自民党に復党したのは小泉純一郎政権下の平成一五年のこと。竹下が亡くなって、すでに約三年半が経っていた。

第九章

ＹＫＫ vs.小沢一郎

「政局勘」なら
誰にも負けない

「ファスナーは壊れやすい」

裏切りや分裂はあったものの、竹下登率いる経世会は一時、一〇〇名に達する衆参議員を抱え、自民党内で最大派閥として圧倒的な力を誇っていた。

竹下の娘と金丸信の長男が結婚し、竹下と金丸は共通の孫をもつ立場。また、小沢一郎と結婚したのは新潟県最大の建設会社「福田組」社長の長女だったが、次女は竹下の腹違いの弟である亘《わたる》に嫁いでおり、三者は姻戚関係にもあった。この三人が長らく自民党を支配する様子を見て、党内の他派の面々からは、「憎き金竹小姻戚トリオ」という怨嗟《えんさ》が爆発寸前にまで高まってきた。

前章で少し触れたが、竹下と小沢が袂《たもと》を分かつ前の平成三年のことである。山崎拓、加藤紘一、小泉純一郎の三人の中堅政治家が、「このまま経世会に政界を振り回されては危険」との見解で一致して、自分たちのイニシャルから「ＹＫＫ」と称して手を組んだ。

山崎は昭和一一年、加藤は昭和一四年、小泉は昭和一七年生まれ。一方、竹下や金丸と並び称される実力者になっていた小沢だが、生まれは小泉と同じ昭和一七年。当選回数も、昭和四四年初当選の小沢に対して「ＹＫＫ」の三人が四七年初当選と一期しか変わらない。いわば小沢と同世代にあたる「ＹＫＫ」としては、近いうちに小沢独裁体制が党内に敷かれるのを、黙って傍観しているわけにはいかなかった。

だが、「ＹＫＫ」結成を伝え聞いた金丸が、

「ＹＫＫというのはファスナー会社のことだろう。ファスナーというのは結構壊れやすいんだ。アハハハ」

と一笑に付したように、この三人が最大派閥とどこまで戦えるのかと、疑問視する声が大半だった。

小泉が語る「ＹＫＫ」

政治の世界では、「情」と「理」という二項で政治家を分析するケースがあるが、山崎は「情」を売りにする人である。本人が学生時代に柔道をやっていて体育会系であることもあって、先輩・後輩の人間関係などを重んじる。一方、日比谷高校↓東大法学部↓外務省（中国課在籍）というエリートコースを歩んできた加藤は、「理」の色合いが濃い。

この両者に対して、小泉は「情」と「理」が非常にうまくミックスしている。「ＹＫＫ」は小泉が真ん中にいて、「情」の山崎と「理」の加藤をうまく機能させていた

（左から）小泉純一郎、加藤紘一、山崎拓

ように映る。

その小泉は小沢と同年生まれで、昭和四二年に慶応義塾大学経済学部を同期生として卒業している。その酷似した経歴もあって、小沢への敵対心、ライバル意識は極めて強かった。

小泉に当時、「YKKとはどういうものか？」と尋ねてみた。

「ある時は三人で一人前だ。また、ある時は一人が三人前になるんだ。そういう面白い関係なんだ」

小泉のこの言葉は、決して誇張ではなかった。それどころか、周囲の予想に反して、「YKK」は三×三の九人前どころか、二〇～三〇人前ぐらいの力を発揮する存在として急伸してくるのだった。

当初、「YKK」の中で中心的存在と見られていたのは加藤だった。三塚派のベテラン議員・村田敬次郎などは筆者に、「YKKというのは加藤を首相にするためのトリオであり、山崎と小泉はその目的達成の〝助さん、格さん〟役に過ぎない」と解説していたほどだ。

ところが実際には小泉が五年五ヵ月間の長期政権を築き、後継者に安倍晋三を指名して悠々と退陣。逆に加藤、山崎は首相の座に届くことはなかった。この一事をもってしても、政界とはまさに〝一寸先は闇〟であると言える。

舐めていた小沢

さて、「ＹＫＫ」が結成された平成三年当時は海部政権で、ポスト海部は幹事長の小沢というのが衆目の一致したところで、小沢当人もそのつもりだった。

ところが、彼は心臓病の発作を起こし、自らの希望でその機会を先送りさせる。その代わり、渡辺美智雄、三塚博、宮沢喜一の〝三Ｍ〟を自分の事務所に呼びつけたのは前章でも述べたとおり。これは、あたかも自分が首相を決める超実力者であるかのような振る舞いで、「心臓病が治ったら俺が即座に首相をやってやる」という意思を示すパフォーマンスであった。「俺は田中の親父のように五〇代で首相になる」という願望を、小沢は決して捨てていなかった。

経世会は最終的に宮沢政権を樹立させたが、この時、宮沢は二三歳も下の小沢に向かい、「お蔭様で念願を果たせました。内閣人事は官房長官以外は経世会の意向に添

自民党幹事長当時の小沢一郎

って行います」と低姿勢で伝えている。

それを聞いていた金丸信は、「オマエも近いうちに自らの政権の人事をやる立場なのだから、今回はその予行演習のつもりでやってみろ」と小沢に指示した。

実際、小沢は宮沢にこう告げている。

「まず官房長官は貴兄の派閥の加藤紘一でお願いしたい。他の大臣ポストについては、このような案を持ってきているのでよろしく」

宮沢は「官房長官以外は、経世会の意向に添う」と言ったにもかかわらず、小沢は官房長官ポストさえも半ば命令調で伝えたのである。岩手選出の小沢は、同じ東北の山形選出である加藤について、それなりに親しみを覚えていた。

ただ、そのような友情で敵に塩を送ったわけではあるまい。

「加藤を宮沢の側《そば》にいる官房長官にしておけば、彼を通じて宮沢が何を考えているかという情報を常時、入手することができる。いわばスパイとして使える。それに『YKK』を分断できるというメリットもある」

そう考えた小沢は、「宮沢の次」に向けて着々と手を打っていった。

だが、小沢が考えるよりも「ＹＫＫ」の絆は強かった。思うように加藤からは宮沢の情報が入ってこないことを知るや、小沢は官房長官交代も視野に入れ始める。まだまだ小沢は得意の絶頂にあった。

そんな矢先に起きたのが、前章で紹介した「竹小戦争」だったのである。

竹下側近の梶山静六を筆頭に橋本龍太郎、小渕恵三らが「小沢斬り」に動き出した。小沢は「そんなことをされたら俺の次期首相の夢が壊されてしまう。まずは経世会メンバーの過半を俺の味方にすることだ」と、力の入れどころを急遽、方向転換せざるを得なくなってしまった。

竹小戦争の開始を興味深く見つめていたのは、政局勘に長《た》けた小泉だった。

敵の敵は味方

「竹下さんは本当に気配りの人だ。自分とはほとんど接点がないのに、時として贈り物をくれたりするのだ」

そのころ、小泉から突然、こう話しかけられたことがある。〝竹下が自分の代わりに小沢潰しをやってくれるのを期待しているな〟と感じさせる言葉である。

その後、小沢らの離党により、下野した自民党は河野総裁‐森幹事長という新体制を敷くが、内閣支持率が高い細川政権への対抗策は皆無に近い。

そこで「ＹＫＫ」が動いた。

平成六年五月一六日、細川‐小沢と戦うために党内派閥横断の中堅・若手議員六四名が参集する「グループ・新世紀」を新たに結成。代表は加藤、幹事長に山崎、座長に小泉、事務局長に高村正彦が就任する。「グループ・新世紀」は、初めての下野で先行き真っ暗の自民党に、「打倒細川政権」「政権奪還」の夢と希望を与えていく。

運も「ＹＫＫ」に味方する。細川に佐川急便からの政治献金問題などが発覚。加えて小沢が大蔵省の大物事務次官・斎藤次郎との〝一郎・次郎コンビ〟で国民福祉税導入を画策するも失敗。細川‐小沢の人気は急落した。にわかに自民党に勝機が訪れたのである。

当時の小泉は、昭和二一年の歌会始で昭和天皇が詠んだ御歌を、好んで詠じていた。

ふりつもるみ雪にたへていろかへぬ
　松そをゝしき人もかくあれ

この御歌は終戦翌年の一月に昭和天皇が、深雪に包まれた皇居の中で戦前同様に美しい緑を保っている松の姿を御覧になって、国民もあの松と同じように頑張って、国を再興しようではないか、と励ます気持ちを詠《よ》んだものだ。

この御歌を詠じた後の小泉は決まって、

「今の自民党はこの御歌に示されているような頑張りを発揮する時なのだ」

と大声で叫ぶ。彼の講演会などで、筆者はこの光景を何度も目撃したものだ。

昭和天皇の御歌を引用する小泉の発想がすごい。これで細川－小沢の存在感が完全に吹っ飛ばされてしまう。

小泉の発想や気迫に押されたのか、河野洋平、森喜朗に亀井静香、野中広務も頑張りを見せる。連立与党の最大勢力であった社会党の抱き込みに、極秘で奔走し始めたのである。社会党幹部が「我々を無視して、小沢が独裁的に人事や運営面を決めている」という不満を持っているのに目をつけての、抱き込み工作だった。

羽田政権を崩壊させた直後の首班指名にあたって、自民党は敢えて総裁の河野を出馬させずに社会党委員長の村山富市を指名する方針を決定。そこに武村正義《まさよし》が率いる新党さきがけも乗り、「自社さ」政権という信じられない形で自民党の与党復帰が果たされた。

「加藤は政局勘が甘すぎる」

「これで同世代のライバル・小沢に完勝できた。小沢にもはや政権奪還を果たす余力は残っていない。これからは我々三人が順番に首相の座を目指すことになる」

「YKK」は三者三様に喜んだ。その中でも加藤がもっとも積極的で、「三者の中で最初に首相になるのは自分のはずだ。経歴や政策能力面で一番勝っているのは自分なのだから！」と鼻息が荒かった。

ただ、彼らはまだ若かった。そんな「YKK」の姿を見て、ほくそ笑んでいたのが竹下登である。「彼らの出番はまだまだない。現実的に森、亀井、野中を背後で動かしたのは他ならぬ自分だ。そこには当然、『竹小戦争』の敵である小沢を潰す目的があった。現に宇野、海部政権は自分が作り、細川、羽田政権は小沢が作った。だからこそ、『竹小戦争』が主役であって、『YKK』なんぞは脇役中の脇役に過ぎない」と。

竹下はこう語っている。

「いずれにせよ、村山政権は永くは続かないわなあ。その後釜として橋龍、小渕という自分の直系の子分が控えている。しかし、橋龍には〝いばる、おこる、すねる〟の欠点があるわなあ。まあ、小渕は早稲田大学雄弁会の縁があるし、森も同じだ。河野（洋平）も早稲田大学出身だが、小渕や森と較べれば縁は薄いし、新自由クラブ結成で自民党離党をした前科があるからね」

事実、自民党の政権復帰後、首相は橋龍、小渕、森の順に就任し、竹下の思惑どおりに進んだ。最初の橋龍は小沢と「一龍戦争」を、二番目の小渕も「小小戦争」を竹下派内で激しく展開してきた間柄である。また、森は昭和四四年初当選の同期生として、小沢に対して強い敵愾心《てきがいしん》を抱いてきている。

竹下が〝小沢潰し〟の大道具として最大限に活用したのは、橋龍、小渕、森であって、「ＹＫＫ」はその前座的存在の小道具だったことになる。

こうした一連の動きを見て、かなり早い段階から竹下の思惑に気付いていたのは、やはり小泉だった。逆に加藤は竹下の水面下での動きをまったく察知していなかった。だからこそ、「小渕や森などの凡人が首相になれるならば、自分が先になるのが当然ではないか」という自尊心から、森政権時に「加藤の乱」へと突っ込んでいくのだった。

加藤は山崎を抱き込み、「乱」に臨んだ。しかし、この時、激怒したのが他ならぬ小泉だった。「ＹＫＫ」の一員であると同時に、森派幹部でもある小泉。筆者は「乱」

の前日と当日に彼と会っている。

小泉は吐き捨てるように言った。

「乱を起こして首相になろうとする加藤の政局勘は、想像以上に甘いので驚いている。そんなことが容易でないのを、自分が加藤に教えてやるのだ」

そして、現実に小泉は加藤への同調者を一人、また一人と徹底的に引き剝がしていった。同時に「野党提出の森内閣不信任案に同調するような乱は、邪道ではないか」と、加藤や山崎に迫るのだった。

卓越した政局勘を持つ小泉だが、興味深いのは、その小泉が「今、小沢は何をしている？　何を考えていると思う？」としばしば尋ねてきたことだ。

小泉にとっての最大の政敵は、どんな時でも小沢一郎であったことをあらためて思い起こさせる。

小沢一郎の政局勘

果たして、小沢は小泉も一目置くほどの政局勘を持っていたのだろうか。

四七歳で自民党幹事長に就任し、細川連立政権の立て役者になった小沢には「剛腕政治家」という形容詞が与えられてきた。政界にあって、これは一つの勲章だろう。

小渕首相（右から２人目）と会談に臨む自由党党首の小沢

だが、その後は、村山政権誕生によって野党生活を強いられ、新進党分裂→自由党結成の道を歩むものの、徐々に先細りしていった感が否めない。

しかも、小渕内閣ができると、野党暮らしが耐えられなくなったのか、自民、公明両党と組む自自公連立政権で与党に参入。しかしこれは、「いきなり自民と公明の連立政権では国民の理解を得にくいので、それを薄めるために小沢自由党を利用しよう」という小渕の思惑で、小沢は単に利用されただけだった。

ともかく与党に復帰した小沢は、「自民、自由両党を一度解党して対等合併の新党を結成して公明党と組むことにしよう」と小渕に提言する。加えて、衆議院議員五〇人削減を強要。この問題に対して平成一二年四月一日に小渕と小沢は首相官邸で激論を展開。小沢斬りを決意した小渕だったが、会談から一ヵ月半後の五月一四日に他界する。

両者の会談を隣室で聞いていた野中広務はのちに述懐している。

「時折、両者が怒鳴り合う声が聞こえた。この時に小渕さんは脳梗塞の発作を起こしたのだろう。言うならば、小渕さんは小沢に殺されたようなものだ」

「ＹＫＫ」、なかでも小泉は、野中と同じ気持ちを抱いたようで、小沢憎しの思いを一層募らせていく。

小沢はその後、民由合併で民主党の代表になり、政権交代も経験するが、それにはここから九年もの月日を要することになった。

一方、森の後を継いだ小泉は五年五ヵ月の長期政権を終え、安倍晋三、福田康夫と三代続けて森派から首相を輩出した。小沢が二度目の野党暮らしをしている間に、小泉は打倒・経世会（竹下派）という「ＹＫＫ」設立当初の目的も果たしたのである。

今日、森派の流れを汲む細田派所属議員は九七名で、自民党内で断トツの最大派閥に浮上。五五名の額賀派（旧竹下派）が続く。ちなみに以下、第三位・岸田派四六名、第四位・麻生派四五名、第五位・二階派四一名、第六位・石破派二〇名、第七位・石原派一五名、第八位・山東派一一名となっている（二〇一七年二月現在）。

改めて記すまでもなく、「ＹＫＫ」三者は現在、政界引退をしているが小泉は細田派、加藤は岸田派、山崎は石原派ＯＢになる。そして小泉は〝脱原発〟を訴えて元気に全国行脚。山崎はノーバッジながらも実質的には石原派のオーナー的存在。加藤は脳梗塞を患い、平成二八年九月にこの世を去った。

小沢は〝一強多弱〟の与野党勢力のなかでも弱小の自由党の代表。四半世紀前には「小泉なんていうのは小僧っ子に過ぎない」とまったく歯牙《しが》にもかけていなかった小沢だが、結局は、〝敵役の壊し屋〟として、その政治生命を終えようとしている。

第一〇章 森喜朗vs.三塚博、河野洋平vs.加藤紘一

「情」が勝つか、
「理」が勝つか

年齢か、当選回数か

自民党内の最大派閥・竹下派経世会では、竹下の跡目争いとして小渕恵三と小沢一郎による「小小戦争」が激しく展開され、早稲田大学雄弁会で竹下の後輩にあたる小渕が勝利を収めた。敗れた小沢が自民党を離党して、その後も竹下-小渕との抗争を続けたのは、すでに見てきたとおりだ。

かつての自民党においては、党内闘争と同じか、それ以上の激しさで派閥の跡目争いが行われたものだった。

本章は同党の第二派閥だった安倍（晋太郎）派清和会、第三派閥・宮沢派宏池会における派閥内抗争を取り上げる。こうした抗争は大派閥が背負う宿命とも言えるのではなかろうか。

まずは清和会の跡目争いである。

福田赳夫の後継領袖として派閥を継承した安倍晋太郎は、同派創設者である岸信介の娘婿という関係もあり、すんなりと派を譲り受けた。しかし、安倍が健康を害してからというもの、長期入院を経て平成三年五月一五日に他界するまで、同派では森喜朗と三塚博の両者が、水面下で激しい闘いを展開した。この闘いは、両者の姓のイニシャルをとって「MM戦争」と呼ばれた。

「MM戦争」が特筆に値するのは、両者にはいわゆる面倒な〝たすき掛け〟現象が存在していたことである。それゆえに闘いは近親憎悪的な感情を露にした、実に人間臭い抗争劇となったのだった。

三塚　博

森　喜朗

森、三塚ともかつては早稲田大学雄弁会に所属。森は昭和一二年生まれで昭和四四年に初当選。対する三塚は昭和二年生まれと森より一〇歳上だが、初当選は昭和四七年で、一期下にあたる。森には「自分のほうがキャリアがある」という意識があり、三塚には「一〇歳も下の若僧には負けられない」という意地がある。この年齢と当選回数の〝たすき掛け〟は、政界ではしばしば見られることであるが、世間が思う以上に深刻な対立を生む。

森や小沢のように若くして中央政界入りを果

たした政治家は、ことさら当選回数の重要性を強調する。もっと言えば、自分より当選回数が少ない者は、たとえ年長者であっても「後輩議員」として扱い、従属させようとする傾向が強いのだ。当然ながら、森は三塚に対しても、常に上から目線で接していた。

三塚が森の高圧的な態度に強い反発を覚えたのも無理はない。「母校に戻れば自分が大先輩にあたるのに……」という思いは、払拭しようとしてもできるものではなかった。

当選回数を重ねると、衆議院議員たちは衆議院各種委員会で委員長を務めるようになる。森が有資格者になったある日、筆者は彼と会った。

――これまで文教族として頑張ってきているので、目指すのは文教委員長ポストですか？

「いや、中堅議員である自分は将来、大物議員と呼ばれるようになるのを目標にしている。それにはそれなりに多額の政治資金を集める必要があるのだ。この部分から考えると、文教委員長よりも傘下に多数の企業が存在している大蔵委員長か商工委員長が好ましい。自分はこのどちらかのポストを狙っている」

なんの衒《てら》いもなく即座にこう答えた森は実際、その数日後には大蔵委員長に就任した。


改めて祝意を述べに出向くと、森はきわめて上機嫌で筆者を迎え、

「作戦どおりにうまくいった。これで大物議員を目指す資格を得られた」

と満面の笑みで将来に向けての夢を語り続けた。


事件が起きたのは、その直後のことだ。筆者と森が話し込んでいるところへ、派閥の清和会事務局から電話がかかってきた。応対する彼の声はみるみる怒りに震え、

「そんなバカなことは絶対に認められない！」

声を荒らげるや、叩きつけるように受話器を置いた。

「どうしたのですか？」と尋ねる筆者に、森は吐き捨てるように答えた。

「先に俺を大蔵委員長に据えておいて、委員長は激務だから派閥の面倒を見る時間的余裕はなかろうという口実で、三塚が領袖を務めることに決めたというんだ。勘ぐれば俺の人事を先行させて、その留守のうちに三塚が派を支配するという陰謀そのものだ。俺のほうが三塚より一期先輩なのに！　こんなバカな話は許せん！」


先ほどの上機嫌から一変、露骨に怒りと不快感をぶちまける森の姿は、いまでも筆者のまぶたに焼き付いている。

運だけで総理にはなれない

偶然目撃したこの一件によって、「ＭＭ戦争」は一段と激化していく。

その後、取材を進めると、この一件の背後にはどうやら竹下が絡んでいることが明白になってきて、筆者はさらに驚かされたものだ。当時の竹下の心境を慮《おもんぱか》れば、「急速に世代交代が進行していくと、大正生まれの出番が減り、影響力が低下していってしまうわな。これを避けるには他派とはいえ、自分と三歳しか違わない三塚に領袖を務めてもらうのがベストだわな」というところだろう。

三塚はこの竹下の後押しもあって安倍派を引き継ぐと、総裁選にも出馬（結果は落選）、自民党幹事長を経て、大蔵大臣まで上り詰める。首相の座は、もはや目前というところまで順調に栄達していくのだった。経歴の上では、一期上の森を大きく引き離したと言える。

だが、現実はそんなに甘いものではなかった。重責を連続して担ったことも関係したのか、三塚本人に多大なストレスがたまり、健康を害してしまう。しかも、そこに大蔵官僚の過剰接待汚職も重なり、大蔵大臣辞任を余儀なくさせられるのである。

大蔵大臣の後任選びでは、竹下が再び動いた。三塚と同世代でやはり早稲田大学雄弁会の後輩にあたる中曽根派の松永光《ひかる》を据え、世代交代を阻止している。

当選回数よりも年齢を重視する竹下の執拗な攻勢に辟易《へきえき》とさせられた森だったが、三塚の病気によって清和会の領袖に収まる機会を得ることができた。そして通産・建設大臣、自民党政調・総務会長、幹事長などの重職を経験する。しかも、小渕恵三首相の緊急入院によって、思いもかけない形で首相にも就任した。

その在任期間はたったの一年間だったが、その後、小泉純一郎、安倍晋三、福田康夫と清和会出身首相を続出させるスタート台役を務めたことになる。この結果、清和会は現在、経世会を所属議員で大きく引き離す党内最大派閥と化した。

「MM戦争」の前半では竹下の思惑で三塚に先を越されていた森だったが、後半戦では竹下と三塚を破って勝利者に収まったわけだ。そして昨今では往年の竹下と同様に、〝奥の院〟〝院政〟を敷く立場となっている。

かつて森が口にした「大物議員と呼ばれるようになる」という目標は、充分に果たされたと言えるだろう。

振り返って森は、三塚や小渕の病気という外的要因で派閥領袖や首相の座を手にした。だが、これを単に運の一言で片付けるわけにはいくまい。

職場にたとえれば、一時的には不遇をかこっても、数十年間に及ぶ会社勤めにおいて、常に体力、気力、忍耐力を持ち続けた者が最後に競争に勝利するのに似ている。毀誉褒貶《きよほうへん》はともかく、森がいまや「キングメーカー」とも称される立場になっていることは、長期間の競争において重要なことは何かということを我々に身をもって教えてくれているのではなかろうか？

生え抜きたちの不満

さて、次は党内第三派閥の宏池会である。

同派は「吉田学校」で佐藤栄作と並ぶ優等生だった池田勇人が創設した名門。保守本流を自任し、東大卒を中心としたエリート官僚出身の政治家たちが集った。池田の後は前尾繁三郎（東大－大蔵省）、大平正芳（一橋大－大蔵省）、宮沢喜一（東大－大蔵省）へと引き継がれてきている。

お公家集団とも呼ばれた宏池会に波乱が起きたのは、宮沢が領袖を務めていた時代のことだ。

かつては中曽根派に所属し、将来のホープと呼ばれていた河野洋平が宏池会に所属することになったのである。河野は自民党を離党して新自由クラブを結成、一〇年を経た後に自民党に復党したばかりだった。

リベラル派の同志ということで、宮沢はいわば中途入社にあたる河野を重用した。河野も小なりとはいえ、一〇年間も党首を経験しているので自分が重用されるのは当然と思い込んでいる。

こうなると生え抜き組の議員たちは面白くない。その代表格が河野の三歳年下で当選回数でも二期後輩にあたる加藤紘一であった。

当時、加藤は筆者に対して、口を尖らせてみせたものだ。

「宏池会には一流国立大学卒のエリート官僚出身者が領袖を務めてきた歴史がある。しかし、河野は私学の早稲田大学卒業で官僚生活も知らない。そのうえ途中入社組だ。それに対して自分は東大卒で外務省中国課に身を置き、国政では宏池会生え抜きの立場。どう見ても自分がポスト宮沢の領袖に収まる本命だ」

河野洋平

いずれ自分は首相になる器だと自負していた加藤は、「河野を絶対に領袖にはさせまい」という一心で、河野に挑む。森・三塚の闘いが「MM戦争」と呼ばれたように、こちらは「KK戦争」と名付けられた。

闘いの当初は加藤の圧倒的優勢だった。派内の過半は加藤支持者であり、河野には新自由クラブ時代から行動を共にしてきた鈴木恒夫ら、数名しか直系の子分はいなかったからである。

平成五年夏の宮沢首相による解散総選挙が済むと、小沢一郎が野党八党派を強引にまとめて細川政権を樹立させた。これを受けて宮沢は自民党総裁と宏池会領袖の座を去る。この時、加藤にとっては許しがたいことに、宮沢は年功序列を重んじて河野を後継指名。張り切った河野は早々に総裁選挙への出馬を公言した。

この総裁選で渡辺美智雄を破った河野だが、いかんせん自民党は野党に転落してしまっている。その後、自民党が自社さ連立政権として政権復帰すると、河野は再選を目指し、今度こそ首相の座に就こうと画策する。

ところがここで、「途中入社の河野が総裁になるのは許せない」と、圧倒的に国民人気の高い橋本龍太郎が対抗馬として出馬宣言。この背景には院政を目論む竹下の思惑が秘められていた。

ここで動いたのが加藤だった。加藤はいち早く橋龍支持を表明。宏池会の有力議員である加藤の造反劇により、河野は戦意喪失。敵前逃亡するように総裁選への出馬を辞退した。その後は最後まで総理総裁の座を得られず、衆議院議長を最後に政界を去っていく。

総理総裁の座を目前にしながら佐藤栄作に敗れ、「このまま死んでたまるか！」と言い残して永眠した亡父・河野一郎ほどでないにせよ、洋平も悲劇の政治家と言えるだろう。

加藤の強気が裏目に

この総裁選では、のちの政局に大きな影響を与える出来事もあった。

河野の出馬辞退を受けて、竹下派の梶山静六が「せっかく早稲田卒の河野と慶応卒の橋龍との早慶戦が行われると楽しみにしていたのに」と口にすると、反響は意外なところから上がった。

三塚派の小泉純一郎が突然、出馬を表明したのだ。

「本来ならば早稲田大学卒の森さんが出馬して、河野の代わりに早慶戦をやるべきなのだが、本人に出馬意向がないので、僕が出馬して橋龍と慶慶戦をやってやる」

総裁選挙の結果は橋龍が圧勝。しかしこの総裁選で全国遊説に回った小泉は、その歯切れのよい演説で知名度と人気を一気に高めた。負け戦覚悟で捨て身のチャレンジをしたからこそ、小泉の名が全国区になったのだから、人生にはやはり挑戦する強い意志が不可欠だということだろう。これを布石として、小泉が首相に栄達したのはご存じのとおりだ。

総裁選後、橋龍は最大の功労者である加藤を、論功行賞の意味合いを込めて党幹事長ポストに据えた。プライドの高い加藤は、このポストこそ次期首相就任への証と理解する。しかし、現実は加藤にとって、どこまでも厳しい。平成一〇年夏の参議院議員選挙敗北を受けて橋龍が退陣すると、その後継には小渕恵三が就任。この人事も最大派閥・平成研（以前の経世会）のオーナーである竹下によって決められたものであった。

加藤の不満は募る一方だった。

それをよく表す出来事があった。小渕が一期二年間の総裁任期の後半にさしかかり、再選を狙う姿勢を示し始めたころのことだ。

筆者は宏池会重鎮の堀内光雄に会い、次のように自分の考えを述べた。

「小渕再選阻止を目論み、加藤は出馬の意向が強いようだが、この場面ではむしろ真っ先に小渕再選支持を表明して小渕に貸しを作っておいたほうが、その次の首相になれる確率が高いと思う」

すると堀内は、

「実は自分もそう思っているのだ。〝善は急げ〟だから即座にこのことを加藤に伝えよう。今、加藤に連絡をとってみるから、彼が国会周辺にいるようならば、すぐに二人で会いに行こう」

と応じ、ちょうど議員会館の自室にいた加藤に、堀内と一緒に会うことになった。

そこで筆者は加藤にこう伝えた。

「宏池会出身総理の大平は田中派、宮沢は竹下派の力を借りて各々首相になっている。宏池会には最大派閥の協力を得て首相になるという歴史があるのだから、貴兄もこの前例を重んじて今回は小渕再選支持をして、ポスト小渕の座を狙うべきだ。最大派閥を敵に回すのは明白にマイナスになる」

堀内も同様の話を加藤に熱っぽく語り続けた。

だが、加藤は強気一辺倒で一歩も譲ろうとしない。

「いや、そんな心配は御無用だ。私に首相になって欲しいという要望は、自民党内よりも一般国民の間できわめて強いのを私は確認している。その要望や期待に早く応えるのが政治家の責任ではないか」

三〇分間ほど話し合ったが話は並行線をたどるばかりで、あきらめて加藤の部屋を退出することにした……。

結局、加藤は小渕に挑戦したが敗北。ポスト小渕の座も森に奪われ、「加藤の乱」へとつながっていく。

機を逃せば必ず負ける

平成一二年一一月九日の夜。支持率一五パーセントで低迷を続ける森首相の秘書から、その打開策について相談を受けた筆者は赤坂の料理屋で深夜まで会談していた。ちょうど同時刻、ホテルオークラで行われていた政治ジャーナリストの重鎮たちとの会合「山里会」で、加藤は「野党提出の内閣不信任案に私は賛成する。不信任案成立となれば、次の人事は森でなく私が行うケースも想定される」と話す。相手が政治ジャーナリストだから、この話は一気に全国へと伝わっていった。

翌朝、この話を伝え聞いた宏池会名誉会長の宮沢喜一は、憮然とした表情で語った。

「加藤さんはまだ私のところには何も言ってきてませんなあ。もし何か言ってきても私はやめさせますよ。今は党内抗争なんかしている時ではありませんしねえ」

他にも、加藤の発言にはあちこちから批判の声が上がった。

「加藤さんは本当に政治音痴だわね。首相を狙うタイミングが半年遅かったし、半年早すぎるのよ」

そう明快な批判を浴びせたのは田中眞紀子だ。

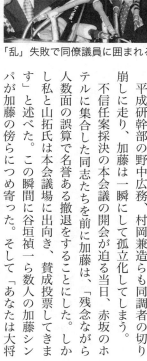

前章で触れたように「ＹＫＫ」仲間の小泉も、

「清和会一期先輩の森首相を守るのが自分の責任。〝ＹＫＫ〟には友情と打算が両立しているが、今は友情云々の時ではない」

と叫び、加藤の同調者の切り崩しを徹底的に行った。

「乱」失敗で同僚議員に囲まれる加藤

平成研幹部の野中広務、村岡兼造らも同調者の切り崩しに走り、加藤は一瞬にして孤立化してしまう。

不信任案採決の本会議の開会が迫る当日、赤坂のホテルに集合した同志たちを前に加藤は、「残念ながら人数面の誤算で名誉ある撤退をすることにした。しかし私と山拓氏は本会議場に出向き、賛成投票してきます」と述べた。この瞬間に谷垣禎一ら数人の加藤シンパが加藤の傍らにつめ寄った。そして「あなたは大将なのだから駄目だ」「私たちも一緒に行きます」などと涙声で訴えた。これに応じる加藤も半分泣き顔になっていた。

この光景はテレビカメラを通じて全国ニュースとして流されたので、ご記憶の方も多いだろう。そして、それを見た国民の大多数は、この「加藤の乱」に大きな期待を寄せていただけに、「百パーセント勝つと言っていたのに、このザマは何だ」と呆れた。加藤への期待は、一瞬にして怒りと失望に変わった。

敗者・加藤は一五名の小派閥の領袖へと落ち込み、彼と訣別した衆参四四名は、古賀誠、池田行彦と堀内光雄を核とする堀内派結成へと走り去って行った。こうして名門派閥・宏池会は分裂を余儀なくされたのである。

勝負時を見誤った加藤の残した傷痕はあまりにも大きかった。

能力は必要だが、すべてではない

この章で触れた森、三塚、河野、加藤の四人の実力政治家。首相という最高位を目前にして体調を崩した三塚を除けば、残る三者にはそれぞれ好機があったものの結局は森のみが最高位のゴールへ到達できた。ただし、それも小渕の病気入院のお蔭であり、首相在任期間はわずか一年間に過ぎない。

本来ならば四者の中でもっとも政策通で、首相として長期政権を務めると見られていた加藤が、自らの過信と焦りのために自滅の道を選択してしまった。

筆者は加藤と何回か二人だけで飲食を共にしている。夕刻の六時に会い夜十時過ぎまでの四時間余にわたって話し込んだこともあった。これらの場を通じて明らかなことは、彼が、いつの日にか自分は首相になれると確信していたことである。

同時に自分よりも政策面で明るくない小渕や森が首相を務めているのには終始納得がいかない様子でもあった。

加藤の子分にあたる官僚ＯＢの中堅議員が、「加藤親分にゴマをするために彼がコートを着るのを手伝ったが、ありがとうというお礼の言葉がないのだ。手伝ってもらうのが当然と思っているのだろう」と、筆者に訴えてきたことがある。

この姿があるいは加藤のすべてを物語っているのかも知れない。

政治の世界に限らず、どんな組織体における人間関係でも、やはり最終的な決め手になるのは〝人情〟なのだろう。四者の中で、この部分でもっとも優れていたのは森だった。その森以上に〝情〟と〝気配り〟を武器として活用したのは田中と竹下である。

加藤が失意のままこの世を去ったいま、彼にこの両者の一〇分の一の〝情〟や〝気配り〟があったならば……と残念に思えてならないのだ。

第一一章 野中広務VS.小沢一郎

盟友を殺した「悪魔」を許さない

ドライな男

平成元年八月の海部政権誕生。この時、海部の要請により、四七歳の小沢一郎が党幹事長に就任したのは前述のとおり。竹下登にも海部を監視するという狙いがあり、小沢幹事長はスンナリと決まった。

竹下派内には橋本龍太郎、小渕恵三、梶山静六、渡部恒三、奥田敬和、羽田孜に小沢を加えた〝七奉行〟と呼ばれる幹部がいたが、この中で小沢は最年少にあたる。それだけにこの抜擢人事に小沢は有頂天になり、海部を指して「総理は軽くてバカがいい」と言い放ってみせた。

〝七奉行〟の最年長者は大正一五年生まれの武闘派・梶山静六である。〝七奉行〟の一人、渡部恒三は幹事長に就任した小沢を評して、筆者にこう語ったことがある。

「彼とは昭和四四年初当選の同期生だが、その時から首相になるという野心に燃えていた。その証拠は昭和ヒト桁生まれのワタスや羽田などとは一定距離を置いているのに対して、梶山には何でも話していたことからもわかる。

つまり年齢が一五歳以上離れている梶山は、首相獲りの競争相手にはならないと踏んで、腹を割った対応をしていたわけだ。若い時からこのような野心と打算をもっていたのが小沢なんだよ」

すでに述べたように、小沢は竹下、金丸とは姻戚関係にあった。〝金竹小〟の太い結びつきが、この抜擢人事の背景にあり、「昭和六年生まれの海部が首相になったのだから、次はナンバー2の幹事長である一七年生まれの自分が総理になるのだ。当然、竹下、金丸も応援してくれる」と当時の小沢は自信満々だった。

ところが、竹下は海部をワン・ポイントの継ぎ役として利用し、次に自分が再登板する思惑を秘めているのを小沢は知る。この時から、小沢の竹下に対する思いは一変した。

「大正生まれの竹下さんの再登板など、時計の針を逆に戻すようなもので許されない。竹下さんの野望を打ちくだいてやるのだ」

こうして小沢は竹下に不信感を抱き、宮沢内閣の時に竹下派は分裂。この時、金丸も小沢と同じ心情だったが、敢えて竹下サイドに身を置くことにしている。

いずれにせよ、ここから両者は激しくも陰湿な「竹小戦争」を展開し、竹下の政治生命を奪い取るために、小沢は細川政権を樹立させる。逆に竹下は「小沢ごときに負けてたまるか！」の一念をもって、「自社さ」の村山内閣を誕生させ、次には子飼いの橋龍、小渕を連続して首相に就任させた。

追い込まれた小沢を助けたのは、一度は袂を分かった金丸だった。

金丸は〝金の延べ棒〟などのヤミ献金疑惑で、宮沢政権時代に党副総裁を辞任。議員辞職を経て、平成五年三月に逮捕されている。そしてしばらくの入院生活を余儀なくされるなど、晩年は下り坂の政治人生を送っていた。

病気入院中の金丸は、「あれだけ面倒を見てやったのに小沢は一度も見舞いに来ない。下り坂の俺などは、まったく無用というのだろう。ドライな男だ」と、寂しそうに無念の思いを周囲の人々に伝えている。

だが、それだけの仕打ちを受けても、生前の金丸は小沢のために強引に竹下を口説いた。その結果、金丸の死後、「自自公」連立政権が誕生し、小沢は与党に復帰することができたのである。金丸はその姿を見ることのないまま、平成八年三月の橋龍内閣の時に死去している。

小沢は金丸に対して恩義を感じるべきだった。しかし、彼は「金丸らの大正世代は過去の人」という思いを強めるだけで、その配慮に感謝するそぶりもなかった。

「情の人」金丸の誤算

ここで金丸信のプロフィルを記してみる。竹下よりも一回り年長にあたる大正三年九月、山梨県中巨摩《なかこま》郡（現南アルプス市）生まれ。生家は造り酒屋で身延中学を経て昭和八年に東京農大入学。中学生の時から柔道を始め、衆議院議員時代には七段となり、竹下の五段よりも上位者になっている。

農大卒業後は山梨県下の中学校で生物の教師に。その後、生家の造り酒屋を継ぎ、山梨県酒造組合の理事に就任。昭和三三年五月に衆議院議員となり、同期生の竹下と同じ造り酒屋同士ということで親交を結ぶに至る。

「六〇年日米安保条約改定国会」の衆議院本会議で強行採決が行われた際には、採決反対の社会党議員、秘書等が清瀬一郎衆議院議長を議場に入れさせまいとピケを張るなか、金丸は柔道七段の猛者ぶりを発揮。片っ端から社会党議員らを跳ね飛ばし、議長を抱え込みながら議長席に就かせて採決をさせている。

金丸　信

「乱闘国会や採決の日には、俺は破かれてもいいような一番古い背広を着て国会に行き、充分に暴れまくったものさ」と、彼は得意そうに何度も話してみせた。

国会対策、いわゆる国対族を好み、佐藤内閣末期に初めての国対委員長。以来、田中、大平内閣でも委員長を計四回務めている。この間に社会、公明、民社の各野党幹部に太い人脈を形成していき、野党議員が「金丸委員長が出てきたら妥協策を見出すしかない」と言うほど、高い評価を得ていた。田中内閣で建設相として初入閣、福田内閣で防衛庁長官、中曽根内閣で幹事長などを務め、のちに副総理や副総裁に就任する大実力派政治家となる。田中派を竹下派へと世代交代させる創政会（のちの経世会）騒動も、金丸がいたからこそ成功したのであり、慎重な性格の竹下ではこんな乱暴なことはできなかったはずだ。この直後に金丸は「俺は子供のころから柔道をやってきた勝負師なのだ」と自慢していたものだ。元来が国対族として〝情〟を重んじる金丸は、田中同様に自分の息子世代にあたる小沢を可愛がり続けてきた。姻戚関係となってからは一層可愛がった。それ故にまさか彼が竹下との「竹小戦争」を仕掛け、自民党を離党していくとは想像だにしていなかった。〝情〟の人・金丸としてはまったく理解できないことだったのだ。

もちろん、金丸とて政治家だ。首相の座を狙っていたのは間違いない。平成元年六月に竹下が消費税導入と引き替えに首相の座を去った時のことだ。竹下は再登板を期していたが、その直後の参議院選挙で自民党が惨敗すると、金丸は「いっそのこと、消費税を廃止すればいいんだ」と述べる。

金丸はこの時、「廃止論をぶち上げれば、党内のすべての連中が、俺の所へ走り寄ってきて、ぜひ首相に！　と頼み込む。そうなれば俺は首相になれるのだ」という打算を働かせていた。「竹下が首相になったのだから、俺がなってもおかしくない。そうすれば俺の長男と竹下の長女の夫婦は互いに首相の子として対等な立場になれるわけだ。さもないと俺の長男は弱い立場で終わってしまうからな……」という思いも金丸は秘めていたのだった。

竹下がこの金丸シナリオを許すはずもなかった。素早く宇野を後継に据え、それが短命に終わると今度は早稲田大学雄弁会後輩の海部を据えて、その後の再登板を目論んだ。「金丸を潰して自らの再登板狙いとは！　竹下は許せん」と小沢は怒る。

こうして自民党内での「竹小戦争」が始まるのだが、どう見ても党内では〝気配り〟上手の竹下が優勢だった。「このままでは自分の輝ける将来へ向けての政治生命が抹殺されてしまう」との危機感を抱いた小沢が、不本意ながら自民党離党→新生党結成へ走り、細川政権を樹立させたことは前述した。

「細川の次に自分が総理になる。いや、なれるのだ」と確信していた小沢の期待は、竹下主導の「自社さ」政権による村山内閣の誕生で先送りされた。それでも小沢は首相への期待を捨てきれなかった。一方の竹下も再登板の好機を得られぬまま虚しい思いのなかで平成一二年六月一九日に永眠。その一三日前に竹下の腹心だった梶山静六も他界した。

これはちょうど森政権の時であり、自民党が経世会から清和会の時代に移行していくのを強く実感させる出来事として、筆者の記憶にも鮮明に残っている。

竹下に見出された苦労人

次に小沢と野中広務の関係について記そう。

野中は大正一四年一〇月、京都府生まれ。旧制の府立園部中学校卒業。二五歳で町議、三三歳で町長。その後、京都府議となり、共産党の蜷川虎三《にながわとらぞう》知事と激しく対立しながら、後継の林田悠紀夫知事の誕生により副知事に栄進。昭和五八年の補欠選挙で衆議院議員に初当選している。この略歴が示すように徹底した叩き上げの地方政治家出身者であり、中央政界入りも五七歳とかなり遅いが、それだけに苦労人として多くの人々から愛される長所を保持していた。

同時に野中の経歴は、世襲議員として昭和四四年に弱冠二七歳で衆議院議員初当選以来、田中角栄に可愛がられ、その後は竹下登、金丸信と姻戚関係を結び、四七歳で党幹事長に就任した小沢とは好対照である。

竹下は、そこに目を付けた。まず、自分と同世代の地方政治家上がりということで、野中に格別の親近感を覚え、列車で島根の選挙区に戻る際にはしばしば京都の野中の選挙区を訪ね、懇談した。そして小沢によって細川政権が樹立され、自民党が下野した時に竹下は「野中は蜷川知事支配の時代に野党の府議として知事と激しく対立した経験がある。その経験を活かして頑張って欲しい」と述べ、野中を重用している。つまり竹下は剛腕・小沢への対抗馬として、叩き上げ・野中を選んだのだ。

野中広務

結果から見れば、その作戦は見事に的中した。

竹下の指示を受け、野中はやはり同世代の梶山静六と組み、細川政権下の社会党を引き抜き、村山委員長を「自社さ」連立政権で首相にする作戦を成功させる。当時の彼は「小沢ごときの温室育ちの若僧に負けてたまるものか！」という思いに燃えていた。

対する小沢は当選回数至上主義者なので、

「彼は俺より一七歳年長であっても、当選回数でははるかに後輩だ」と強気を装い、野中を格下の政治家と位置づけて甘く見ていた。そんな小沢を野中は「彼は政界を混乱させる悪魔みたいな奴」と批判するのだった。

いわゆる「竹小戦争」において竹下は、梶山、野中ら多数の参謀や仲間に恵まれていたが、小沢はそうではなかった。渡部恒三や羽田孜といった初当選同期仲間はいたが、相互の信頼感は左程でもなかった。現に渡部は「彼はいわば孤高を行くタイプで、我々と腹を割って飲食したり懇談したりすることはなかった」という小沢観を語っている。

また、金丸が佐川急便からの五億円ヤミ献金疑惑で副総裁辞任、逮捕に至るプロセスを見て、野中は「金丸さんが巨大な権力者だったころには、皆が寄ってたかって金丸さんにゴマをすっていた。だが、疑惑事件を境に潮が引くように皆、去っていった。結局、晩年の金丸さんは孤独で気の弱い老人のようだった」と同情的な言葉を発している。この姿勢もまた、小沢とは正反対だった。

「悪魔」と手を組む

野中は村山政権樹立の論功行賞で村山内閣の自治相兼国家公安委員長として初入

閣。党幹事長代理を経て、小渕内閣で内閣官房長官、沖縄開発庁長官と順調にキャリアを積んでいく。

その小渕内閣で「自自公」連立政権となり、自民党は小沢自由党と組むことになった。この時、野中が口惜しそうに「たとえ悪魔（小沢）の前にひれ伏してでも……」と語ったのは有名な話になっている。

「自自公」連立に関しては裏話がある。

竹下は自民党の政権復帰のために、敢えて社会党委員長の村山富市を「自社さ」政権でまず首相にする迂回路を用いた。そして次に橋龍、小渕という竹下の腹心にあたる子分を首相に据えたわけだが、その小渕が首相に就任する直前、筆者は彼に呼ばれた。

「参院が過半数割れしているので、公明党と連立政権を組もうと思っているのだが、同党の創価学会色を薄めるために、中間に小沢自由党を入れる『自自公』連立政権を考えているが、どう思うか」

そう尋ねられたのだが、小渕の胸中はすでにそうすることを決めている様子だったので、「それで安定政権が樹立できるならば、そうすれば良いと思う」と答えた。

一方の小沢は「野党暮らしでは政策実現もできないし、党運営のカネも満足に集まらない」とこぼしていただけに、連立政権案に喜んで跳びついた。

だが、実際に小渕と組んでみると、小沢には小渕がバカに見えて仕方がない。そこで平成一二年四月一日に小渕と会談し、「自民、自由両党を一度解散して、両党が対等合併する新党を結成して今後に臨もう」と提言。もちろん小渕はこの小沢の御都合主義の提案を拒否。両者の間で怒鳴り合うような会話が数十分間続けられた。

この会談からほどなくして小渕が亡くなると、野中の動きは素早かった。すぐさま自由党に手を突っ込むと、野田毅《たけし》らに保守党を結成させ、与党入りを勧めた。選挙が弱い議員には、自民党による選挙協力というアメもちらつかせている。その結果、自由党から過半数が野中の誘いに同調。分裂し、弱小化した自由党を率いることになった小沢は、徐々に政界での存在感を低下させていく。

結局、野中は小沢との勝負に完勝し、その影響力はいっそう高まった。だが、ポスト森に小泉純一郎が登場すると、野中は抵抗勢力というレッテルを貼られ、一転して苦しい立場に追い詰められている。大正生まれの野中には、それをはね返して、再び権力の座に伸《の》し上がるための時間は残されていなかった。

第一二章 小泉純一郎 VS.橋本龍太郎

玉砕覚悟の戦いで本命を倒す

どこまでも一本気な小泉

小泉純一郎は昭和一七年一月八日に祖父の〝イレズミ大臣〟こと又次郎、父・純也の二代続いた政治家の家に生まれる。出生地は神奈川県横須賀市で、慶応義塾大学経済学部卒業後の昭和四四年に亡父の後を受けて初出馬するが無念の落選。次の四七年総選挙で加藤紘一、山崎拓らと初当選している。落選中に福田赳夫秘書を務めていた関係で福田派入りした。

当時は「角福戦争」の最盛期で、四七年七月に田中角栄が福田を破り、ポスト佐藤の首相の座に就任。初当選から間もない小泉は金脈・人脈疑惑で揺れる田中を厳しく追及し、一刻も早い首相退陣を大声で叫び続けていた。

新人議員が時の最大派閥・田中派木曜クラブを率いる田中を徹底的に批判するのは大きな勇気がいることだが、小泉はいっこうに意に介さなかった。

彼と同年生まれ、大学同窓にあたる筆者は、彼の姿勢に興味をもち、昭和四八年ごろから親交を結ぶに至った。

元来、他人からのプレゼントや無用なカネを受け取らないのを主義とする彼は、政界で孤高の道を歩むタイプの政治家であった。それだけに政界、経済界からの借りが皆無に近いという強味があり、どんな時も自らの政治信条を遠慮なくぶつけることができた。

福田派の一期先輩には森喜朗がいたが、彼は妥協上手で世渡り術に長けていた。小泉は森とはまったく好対照なタイプの人間であった。言うならば、小泉は反骨精神に満ちあふれた性格の持ち主だったわけだ。

首相退陣後にロッキード疑惑で逮捕された田中は、裁判で無罪を勝ち取り、やがて首相として再登板することを欲していた。そのため、政敵の福田首相が再選を期した総裁選挙で、田中は盟友の大平正芳を擁立して大平政権を誕生させた。福田は「天には変な声があるものだ」と述べ、無念の思いで退陣表明をする。

その隣りで泣きべそをかきながら、口惜しがっていたのが、若手議員の小泉だった。

田中派への恨みは、そのまま竹下派経世会への恨みとなり、小沢が幹事長に就任すると、「小沢が天下を取るのは絶対に許せない」との思いを込めて、「ＹＫＫ」を結成。しかし実際のところ、加藤は本気で小沢と戦う気はなく、小沢が首相になるのに協力し、その後に彼からの禅譲を受ける策も頭の中に置いていた。

そこへいくと小泉はあくまでも一本気であり、小沢に協力する気など毛頭ない。

ところが、すでに述べてきたように、竹下に再登板の野望があると知った小沢は自民党を割り、細川政権樹立へと突き進む。

当時の小沢は、筆者の前でも自信満々に語ってみせた。

「下野に耐えられぬ自民党の連中が続々と新生党に加入し、八党派の中で新生党が最大政党となるよ」

その時に細川に代わって自分が首相になるつもりだったのだろう。

負け戦を承知で挑む

結局、細川政権は長くは続かなかった。

「自社さ」政権になり、村山富市の後継は自民党から、というシナリオが具体化してくると、河野洋平が総裁選への意欲を見せる。それに対抗するように橋本龍太郎が出馬を表明すると、河野はあっさり辞退。梶山静六ら一部議員は「総裁選挙の予備選では、党費を支払っている党員に投票権を与える決まりなのに、総裁選挙をやらないのは詐欺行為だ」と騒ぎ、「河野が出ないのなら森を出馬させて橋龍と戦えばよい」という話が浮上してくる。

当て馬にされる気配を感じ取った打算家の森は逃げて、代わりに自派の弟分・小泉を出馬させることにした。どう見ても小泉に勝ち目はない。それでも小泉は「かくすれば　かくなるものと　知りながら　止むに止まれぬ　大和魂」と吉田松陰の歌を引き、負けを承知で戦いに挑む。結果は三〇四票対八七票という惨敗だった。

この時から、小泉の挑戦は始まったのである。

二度目の総裁選挙出馬。相手は小渕恵三と小渕派を飛び出た梶山静六。この時も三塚派から森が当然出馬すべきだったが、彼は勝ち目がないと察知して小泉に出馬を仕向ける。これを受け小泉は涙声で出馬の決意表明をしたものだった。

この三者の出馬を見て田中眞紀子は「凡人の小渕、軍人の梶山、変人の小泉」と揶揄。この言葉は流行語にもなった。

総裁選に臨む小泉純一郎（右）と橋本龍太郎

開票の結果は、一位が小渕、二位が梶山で小泉は当初の二位予想を下回っての八四票で三位。前回の橋龍との戦いの時よりも三票下回る惨敗。

二度の惨敗に、永田町周辺では「小泉は五六歳にして政治生命を閉じた」という見方が広がった。そう思っていないのは小泉本人、ただ一人だったかも知れない。「橋龍、小渕、梶山と竹下派系列の人間にやられっ放しで政治生命を奪われてたまるものか！　田中派時代から永年にわたって彼らが党を牛耳ってきているのは政界全体のマイナスだ。いや、日本の国にとっても好ましくないことだ」と怒りを増大させるのだった。

首相に就任して一年八ヵ月後の平成一二年四月に小渕は緊急入院して、首相は森に交代。その資質問題を巡り、森政権は低空飛行を続けて平成一三年四月に退陣に追い込まれる。そしてまたもや総裁選挙。ゲート・インするのは橋龍、小泉、亀井静香、麻生太郎の四者で、最大派閥を率いる橋龍が本命と予想された。

この総裁選挙で、小泉は次々と常識外れの宣言をする。

「私は従来の自民党をぶっ壊すために出馬しているのだ」

さらに、

「古い自民党には多数の利権集団が付きまとっている。その一例が郵政畑なので郵政三事業は民営化すべきなのだ。民営化すれば行政改革が進行して小さな政府が作れる」

と、かねてからの持論である郵政民営化論を声高に唱えた。この演説は多数の聴衆を魅了した。

三度目の正直

ところで、「自民党をぶっ壊す」と叫んだ小泉の本音は、正確に言えば「竹下派が支配する自民党をぶっ壊して、新生自民党を作る」というところにあった。

田中角栄が岸内閣で郵政大臣として初入閣を果たして以来、郵政利権のすべては田中－竹下派で握ってきた経緯がある。首相を目前にしていたころの小渕に会うと、「郵政畑の利権は決して大きくなかったが、関連民間企業が急成長して利権が伸長し始めた。ここに目をつけて自分もいち早く郵政族になったが、結果的にこれが大成功だった」と瞳を輝かせて説明してくれたものだ。

いわば、この竹下派の牙城を壊そうというのが、小泉の作戦だった。彼のメリハリのきいた演説は大好評で、徐々に支持層を広げていった。

総裁選挙開始の翌日、自民党本部九階ホールで四候補者の立会演説会が行われた。四番目に登場した小泉はいきなり、「ふりつもるみ雪にたへていろかへぬ　松そをゝしき人もかくあれ」と、昭和天皇の御歌を朗々と唱えた。先述したように大勝負の直前に小泉が好んで詠じるものだ。そして、小泉純一郎、三度目の総裁選の結果は——。

小泉純一郎　　二九八票
橋本龍太郎　　一五五票
麻生太郎　　　　三一票
亀井静香　　本選挙出馬辞退
無効票　　　　　三票

まさに三度目の正直である。田中派木曜クラブから続く平成研（旧経世会）にとって、自民党総裁選で敗れるのはこれが初めてのことだった。この勝利によって彼は恩師・福田赳夫と敬愛する先輩・安倍晋太郎の無念を晴らしたことにもなるわけだ。

小泉から筆者への依頼

新首相・小泉を評して「ＹＫＫ」の盟友・山崎拓は「たとえば憲法問題を自分が論じると聴衆はいぶかしげな目で眺める。ところが同じ問題を小泉首相が語ると聴衆は拍手喝采する。反応が大きく異なるのは小泉の全身から発散されるオーラが極端に大きいからだ。それに顔も含めてだ」と分析する。

確かに山崎が指摘したように、小泉は絶大な国民人気をバックに内閣支持率を高めた。決して党内基盤が安定していない小泉は、それをよく理解しており、国民からの支持こそが長期政権を可能にすることを熟知していた。

その一端は首相就任早々の小泉の発言からも明らかだ。

小泉は筆者を呼んで、こんな依頼をしてきた。

「近々に首相公選制を考える懇談会を、自分の私的諮問機関として作る予定なので、貴君にそのメンバーになって欲しい。この会の真の狙いは、党内最大派閥の平成研を牽制するために、国民が直接首相を選ぶ選択肢もあるのだとアピールするためなので、よろしく頼む」

また、ある時は次のような依頼もあった。

「いまや三〇名前後の小党の小沢が、鳩山由紀夫を抱き込もうとしているようだが、はたして鳩山にその気があるのか否かを確かめて欲しい。自分としては民主党を分裂させて鳩山一派を取り込みたいのだが……」

たとえ首相になっても小泉は、小沢に対するライバル意識を忘れず、完膚なきまでに潰そうとしている。その執念には凄まじいものがあると感じたものだ。

さらに記すならば、某日、飯島勲《いさお》総理秘書官に食事に誘われて出向くと、「内々の話だが、総理は近日中に北朝鮮を訪問して拉致被害者の救出に臨む予定になっている」と打ち明けられて驚いたこともある。

サプライズの極めつけは、なんと言っても郵政解散だろう。

平成一七年八月八日、「国会では郵政民営化は必要ないとの結論が出されたが、私はもう一度、国民に聞いてみたいのだ」と小泉は述べ、衆議院を解散する。

郵政民営化に反対の綿貫民輔《わたぬきたみすけ》、堀内光雄、保利耕輔、平沼赳夫《たけお》などの大物自民党議員を非公認とし、その選挙区には「小泉チルドレン」と呼称される民営化賛成の新人を擁立した。かなり強引な手法で小泉は民意を問う方策に打って出たのだ。

選挙結果は自民党二九六議席、民主党一一三議席で、自民党は記録的圧勝を収める。

これを見た小沢は、小泉への対抗意識から「俺が民主党代表になって小泉を潰す」という気迫を示して、翌年四月に菅直人を破って、代表に就任。幹事長は鳩山由紀夫、国対委員長は渡部恒三の布陣で臨戦態勢を固めた。

一方、郵政民営化を実現した小泉は、こうした小沢の気持ちを知ってか知らずか、首相在任が五年に及んでいることを理由に、「体力的にもきつくなってきている。これからはゆっくりとオペラ観劇やゴルフの趣味三昧の生活をしたいね」と語り始めるのだ。

完全に肩すかしを食わされた格好の小沢だが、もはや小沢など小泉の眼中になかったのだろう。

恩義より世代交代を優先

自民党内では、麻生太郎、谷垣禎一、福田康夫、安倍晋三の〝麻垣康三〟の四者がポスト小泉の首相候補に浮上。しかし七〇歳に達したばかりの福田は「派内で自分を支援するのは玉澤徳一郎らごく一部のベテラン議員のみで、過半の中堅若手は安倍支持なので、出馬はしない」と述べ、同派の長老・森は「年齢を考えれば福田が先に一期やり、次に若い安倍が二期やれば長期にわたって清和会支配が続けられる。こうなれば従前の『角福戦争』で完全に逆転勝利を収めることになるのに……」と頭を痛める。

この時期に小泉と会うと、

「福田赳夫先生への恩義があるが、派内では康夫氏待望の声に限界があるようだし、思い切った世代交代も必要だと思っている」

と語り、安倍後継をそれとなく示唆してみせた。

そして事実、最後の改造人事で真っ先に安倍を官邸に呼び、「首相になるには官邸にいて日本全体を見る必要がある」と述べ、安倍官房長官を内定させる。この直後、安倍に会うと、「小泉政権で私は官房副長官、幹事長、幹事長代理の順で役職を命じられてきたので、今度は筆頭副幹事長と言われると思っていたが、予想が大きくはずれた」と、顔中に喜びを示して説明したものだ。

そして、安倍は『美しい国へ』という著書を発表。その直後の朝食会で、彼は「著書でも触れているように私は〝闘う政治家〟になりたい。そのためには改憲、教育基本法改正など、国家の根幹に関わる問題をリスクを恐れずに語っていきたい。小泉改革を大筋では継承するが、異なった視点での対応が必要な面もある」と語った。

小泉の首相在任期間が残り半年を切るなか、七月一日に橋龍が永眠。総裁選挙で二回戦った因縁があるし、橋本内閣で小泉は厚生大臣を務めたこともある。筆者も五月に橋龍に会っていたが、顔色や口調に往年の輝きがなくて心配していたところ、それからわずか五〇日後の他界であった。

訪米を終えて羽田空港に戻った小泉は、その足で南麻布の故人宅を弔問。「中央省庁再編、介護保険制度の創設、沖縄問題、対ロシア関係などで尽力された。心から哀悼の意を表したい」との談話を発表した。

田中角栄、竹下登、小渕恵三、そして橋本龍太郎……。「角福戦争」以来、小泉が闘志を燃やし続けてきた最大派閥の領袖がこの世を去り、小泉は五年五ヵ月の長期にわたる政権を高支持率のうちに終えようとしていた。

小泉に後継指名された安倍だったが、持病である潰瘍性大腸炎を悪化させ、一年間で職場放棄するような形で退陣。後任首相には福田康夫が登場するものの、彼も一年間で退陣し、次には河野派の麻生太郎が首相に。約一年後の平成二一年夏に衆院解散・総選挙に踏み切ったが、一年ごとに首相が交代する自民党の混乱ぶりがマイナスとなって、民主党に与党の座を奪われた。

小泉に後継指名された官房長官の安倍(右)

民主党は鳩山由紀夫、菅直人、野田佳彦と三年三ヵ月間で三人の首相を輩出したが、平成二四年一二月の総選挙で敗北。ここで安倍が首相として再登板して今日に至っている。

かつて田中角栄や竹下登がカネの力を活用して再登板を目論んだが、いずれも果たすことはできなかった。そこへいくと安倍は投下資本ゼロで再登板を果たしたのだから、運の強さも含めて、ある意味、立派ではある。

ケンカ師の功罪

ここで改めて最大派閥・平成研に対する小泉の身体を張った挑戦を振り返ると、その凄さがわかるだろう。

郵政解散総選挙で圧倒的な勝利を収め、最大派閥を弱体化させたのみならず、それ以来、小渕を最後に同派からの首相は誕生していない。それどころか、自派の安倍、福田政権を連続して誕生させた多大な功績。このために現在は清和会(細田派)が三桁に迫る所属議員の党内最大派閥に浮上しているのに対して、平成研(額賀派)は約半数の五五名の第二派閥へと転落している。ぼやぼやしていると、ポスト安倍の座を狙う岸田文雄が率いる四六名の第三派閥にも逆転されかねない苦境を迎えているのだ。

いずれにせよ、永年の最大派閥・田中－竹下－橋本－小渕派を蹴落としての清和会大躍進の功労者は、ケンカ師・小泉であり、その奮戦ぶりは特筆されるべきものだろう。

ただし、自民党を壊し、最大派閥を壊した事実に対して、負の側面を指摘する声もある。

それは永年の自民党の支持母体、支援団体であった医師会、建設業界、全国特定郵便局長会（現全国郵便局長会）を抵抗勢力に仕立てあげることで無党派層を大きく取り込んだ反面、党の足腰を弱体化させてしまったことだ。いっときは五〇〇万人以上いた自民党員が、現在では一〇〇万人程度まで激減してしまっている。

小泉はそのマイナス部分を、国民に直接視線を向ける巧妙な演出で打破してきた。それは「劇場型政治」とも称される〝オポチュニズム〟〝ポピュリズム〟そのものである。彼の〝ワン・フレーズ・ポリティックス〟はテレビのワイドショー番組やスポーツ紙の政治欄などを主戦場に、日本国の首相の座をきわめて身近に感じさせた。

国民に直接訴える小泉戦法が、現行の小選挙区制で多大な成果を挙げたのは間違いない。しかし、この選挙制度はその時々の党への〝追い風〟〝逆風〟の差で、まったく逆の戦果を招くリスクを保持している。小泉戦法によって組織が弱体化した自民党は、この「風」をまともに受けることになった。現に小泉退陣からわずか三年で自民党が下野したことからも、それは明らかだ。

やはり政治の王道は内外に通じる政策立案にかかっていると考えるべきであろう。

第一三章

安倍晋三vs.岸田文雄、石破茂、菅義偉

起ち上がるなら、腹を括るべし

投下資本ゼロの再登板

自民党が下野していた平成二四年九月の自民党総裁選挙は、安倍晋三、石原伸晃、石破茂、町村信孝、林芳正の五人が出馬。一回目の投票では地方票を集めた石破がトップに立ったが過半数を得られず、石破と安倍による決選投票の結果、安倍が逆転勝利を収めた。

同年一二月、民主党の野田佳彦首相による解散総選挙で自民党が三年三ヵ月ぶりに政権与党に復帰。公明党との連立政権を組み、安倍は首相としての再登板を果たした。彼にとって再登板が悲願であったにせよ、この結果はやはり〝強運の人〟と評価せざるを得ない。先述したように田中角栄や竹下登という最大派閥を率いる超実力者ですら、多額のカネを用いての再登板を期したが、結局は果たせぬ野望として消えてしまっている。

ところが安倍は投下資本ゼロでの再登板。改めて記すが〝強運の人〟そのものなのだ。しかも三年三ヵ月間の民主党の失政政権の後を受け、〝アベノミクス〟政策を掲げての再登板は常時五〇パーセント前後の高い内閣支持率を誇っている。政党間での〝自民党一強〟、自民党内では〝安倍一強〟というダブル一強時代が長期にわたって続いている。

その勢いを借りて平成二七年の通常国会では、自衛隊の海外での集団的自衛権行使を拡大させる安全保障法案を強行採決した。この外交姿勢は〝六〇年日米安保改定〟を強引に推し進めた祖父・岸信介首相のDNAを大きく受け継ぐものだった。

少年時代に祖父の岸信介から「六〇年日米安保改定を成立させたものの、その後に憲法改正をやれなかったのは残念無念」という話を終始聞かされてきた安倍は、その無念を晴らすために政界入りし、首相まで登りつめてきたと言っても決して過言ではなかろう。

一強状態の安倍晋三

敵がいるから闘える

ここで改めて結党六〇年を過ぎた自民党の党内抗争劇を回顧してみると、ほとんどすべての抗争が次期首相の座を巡ってのものであり、政策論を巡る抗争劇はきわめて少なかったことがわかる。

例外を挙げれば、田中角栄と福田赳夫による「角福戦争」は、首相の座争いという側面もあったものの、田中が公共事業を主軸とする高度経済成長政策を継続させようとしたのに対して、福田が国家の財政赤字拡大を危惧して安全成長策を主唱、政策面でも激しい論争を巻き起こしている。

また、小泉〝一強〟時代の郵政民営化を巡る抗争は一見、政策論争に見えるが、党内の「これは米国追従政策の一環だから反対」という声はほぼ封殺され、小泉が内閣支持率の高さを背景に押し切ったため、論争にまで至らなかったと言える。

すでに七回行われている小選挙区制下における衆院選だが、この制度は「風」の影響をモロに受ける。それゆえ、選挙そのものが党（または官邸）主導になり、「風」を吹かせた総理総裁が、その後の人事も独断で決めるという流れが慣習化してきている。その恩恵を十二分に受けたのが小泉であり、安倍である。

この慣習化によって党内各派閥領袖の権力は極端に低下し、〝三角大福中〟時代のような派閥競演の時代は、完全に過去のものと化した。

だが、やはり派閥が競い合い、切磋琢磨することは、政治に緊張感を持たせる意味でも不可欠な要素だろう。特に現在のように野党の力が弱い時には、なおさら求められるはずである。

党内他派閥と野党が弱かった時代を振り返れば、佐藤栄作と中曽根康弘の総理総裁時代が思い浮かぶが、両者はそれぞれ七年八ヵ月、五年の長期政権を築くことができた。しかし、両者ともに、首相の座を去り、しばらく経つと「結果的に幸運であったが、党内他派閥や野党が弱い状況というのは決して好ましいものとは思っていなかった。やはり首相官邸外から適当な刺激を与えられれば、それなりに自分も発奮する材料になる。その材料が本当は必要なのだ」という主旨のことを語っている。

その点、小泉は党内にも敵を作り、彼らと対決するというパターンで長期政権を樹立した。現に彼は、こんなことを語っていた。

「党内最大派閥の経世会の連中が、絶えず自分を引きずりおろそうといろいろな仕掛けをしてきた。だから自分はそれに反発し、ファイトを燃やした。彼らの仕掛けがあったからこそ、五年五ヵ月間の長期政権を保つことができたのだ」

そして現在、安倍は佐藤、中曽根、小泉同様に長期政権を狙う立場となった。

では、安倍が彼らのように、そして現在のように〝一強〟のまま進んでいけるのかと言えば、そう簡単ではない。

本来的には外交防衛分野の政策を得意とし、その延長線上で憲法改正を目論む安倍だが、それ以前にまずアベノミクスによる景気回復を軌道に乗せねばならない。同時に都市部と地方の経済格差是正を求める声にも耳を傾ける必要がある。

さらに、沖縄の普天間基地の辺野古移設問題も、これに反対する翁長雄志《おながたけし》知事の誕生により頭が痛い問題になっている。この問題の解決が難航し長期化していけば、日米安全保障条約にも亀裂が生じかねないリスクがある。安倍にとっては堅実な日米関係の継続こそが長期政権への基本線であり、場合によれば翁長知事を始めとする沖縄県民に対して、強引とも思われる対応を余儀なくされるケースも想定される。

そうなれば当然、野党各党はここを攻めてくる。そこに憲法改正問題も絡めば、〝戦争へのいつか来た道〟を巡って内閣支持率が急落する懸念もあるのだ。

すでに自民党内では水面下で、安倍一強状態が崩れた時を見越して、〝ポスト安倍〟をうかがう動きが始まっている。

同世代ゆえの焦りと不安

昭和二九年生まれの安倍に対して、三二年生まれの岸田文雄と石破茂。両者にとって、安倍政権の長期化はそれだけ自分たちの出番がなくなっていくことを意味する。

小泉と安倍の間には一二歳の年齢差があったからこそ、国民は世代交代として納得したわけで、三歳差ではほぼ同世代。彼らが「安倍の次は一気に時計の針が進むのではないか」と不安を覚えるのは当然のことだ。

石破　茂

岸田文雄

党内第三派閥にあたる岸田派内の一部には、〝ポスト安倍に向かって臨戦態勢をとるべし〟との声があり、岸田もこれに応じる構えを示そうとしている。ただ、そのためには細田派（安倍派）包囲網を形成せねばならず、第二派閥の額賀派など複数の派閥を味方にする必要がある。しかし宏池会の流れを汲み、従前から〝戦下手のお公家集団〟と揶揄されてきた岸田派が、こうした戦略・戦術を上手に構築できるのか、いささかの疑問を抱かざるを得ない。

そして石破茂。彼も派閥横断的に中堅若手議員中心に二〇名を集める拠点を作り、後日に期する構えをいちおうは示している。しかし彼もまた、ギラギラと闘争心を表面に出しているとは言い難い。岸田、石破に共通するのは、ともに世襲議員であり、ややもするとおっとりと構えてしまう性向が強いことだ。石破派の闘将・山本有二は高知県議上がりの典型的な叩き上げ派議員だが、「彼（石破）はどうしてもガッツに欠ける面がある」と指摘している。

自民党の派閥全盛時代だった〝三角大福中〟を振り返れば、五人の領袖はいずれも世襲議員ではない。そのなかでも大学卒でない田中が強大なエネルギーを発揮し、その開拓精神が他派の領袖たちに大きな刺激を与えた。それが結果として、党全体を熱く燃え上がらせたのである。

この観点からすれば、安倍を含め世襲議員だらけの現在は、多くの議員たちに、党内の厳しい生存競争を経験していないひ弱さを感じてしまう。

憲法改正を目指す安倍を敢えてタカ派と記すならば、岸田や石破はハト派・リベラル派を自負する立場にある。双方のこの差こそ、岸田、石破が安倍にチャレンジする最大のポイントになるはずなのだが……。

菅首相は誕生するか

経済界では「創業経営者の功績を二代目は守り抜けるが、三代目になると壊れていく」という意味の言葉がしばしば用いられている。これを現在の政界に照らし合わせるならば、岸信介－安倍晋三、吉田茂－麻生太郎、鳩山一郎－鳩山由紀夫は、祖父と孫がともに首相になっている。

言うならば創業者が攻めに徹する人材であるのに対して、三代目はどちらかというと守りに専念してしまう傾向が強い。

「攻撃は最大の防御に通じる」という言葉が示すとおり、やはり守勢一辺倒ではなかなか向上・発展は期待できないのではなかろうか。こうした面からしても、創業者型、攻撃型の政治家がそれなりに多数出現してくることが望まれる。

この視点で注目されるのは菅義偉の存在であろう。

菅　義偉

平成一八年九月に安倍が首相として初めて組閣した際、内閣の要である官房長官には世襲議員同士で盟友でもある塩崎恭久を選んだ。世襲であるが故に守勢に回りがちの官邸コンビの弱さが起因して、直後の参院選で惨敗。これが一年間の短命内閣で終わる一要因ともなった。そこで再登板を果たした安倍が官房長官に選んだ

小泉進次郎

のが、菅だった。

菅は秋田県から上京し、零細企業で働きながら苦学して法政大学を卒業。小此木彦三郎（神奈川県選出）の秘書を経て横浜市議を務めた後に、中央政界入りした。典型的な苦労人・叩き上げ派の政治家である。

いわば〝お坊ちゃま〟政治家にあたる安倍とは好対照なタイプの政治家だが、それゆえに磁石のプラスとマイナスの関係のようにピッタリとくっつき合う結果となっている。

苦労人の菅が上手に安倍を引き立て、そのためのマスコミ対策にも細心の配慮をしてきた。その成果の一環が内閣成立以来、四年以上にもわたる長期間、内閣支持率が四五～五〇パーセントの高率で推移していることに表れている。縁の下の力持ち的立場に徹する菅の功績はきわめて大きい。

こうして実力派官房長官としての評価が高まる菅こそ、ポスト安倍の有力候補に浮上するとの見方が一部に存在する。

ただ、菅を次期首相候補として見た時、彼は安倍よりも六歳年長の昭和二三年生まれというハンディを背負っている。なんらかの理由で任期内に安倍が突然辞任した場合の、次の本格政権が決まるまでの暫定首相というケースはあり得るとしても、一期三年以上の本格政権を背負うのは年齢的にも難しいだろう。

自民党が総裁任期を「連続二期六年」から「連続三期九年」とする党則改正を決定したことで、安倍は二〇二〇年の東京オリンピック・パラリンピックをまたぎ、二〇二一年九月まで総裁を続けられる資格を得た。仮にそんなことになれば、岸田や石破らの世代ではなく、昭和三五年以降生まれの野田聖子、江藤拓《たく》、菅原一秀《すがわらいっしゅう》などがポスト安倍として注目を集めることになる。さらに五六年生まれの小泉進次郎の存在も一層無視できなくなることだろう。

（文中敬称略）

首相を辞めて院政を敷いていたころの田中角栄に「首相になる条件とは?」と尋ねたことがある。

「そうだなぁ。それは蔵相、外相、通産相などの主要閣僚の二つと、党三役のうちの二つを務めることだな」

これが田中の返答だった。彼が現役で活躍していた当時はたしかにそのとおりで、田中を始め、三木、福田、大平、中曽根、竹下などはほぼこれに近い条件を満たしてきている。

この慣例を破ったのが小泉であり、主要閣僚、党三役の経験を経ずに首相に就任した。そして彼は官房長官、幹事長しか経験していない安倍を後継者に指名。以来、麻生、福田康夫も同様であり、そのぶん、首相としての重量感に欠ける側面が見受けられる。

結党六二年となる自民党。この間の大半を政権与党として君臨してきた背景には常時、激しい有力政治家同士あるいは派閥間の抗争劇を展開してきた事実がある。

この幾多の抗争劇を主たるエネルギー源としてきたからこそ、自民党は長期にわたって政権を担うことができた。

しかし小選挙区制時代に移行して、激しい抗争は徐々に姿を消しつつある。これははたしてプラス面と評価されるのだろうか。この答えは難しい。抗争ではなく〝馴れ合い〟現象が常態化すれば、自民党、いや政治全体が退廃することも懸念される。

このような思いを込めて、自民党六〇年間の抗争劇を回顧した。

抗争を回避して、上手に妥協していくのが〝大人の知恵〟なのか否か。その回答はこれからの自民党の姿に表れるのだろう。

最後に本書を記すにあたって御協力くださった皆様、講談社の担当の皆様に心からの御礼を申し上げさせていただきたい。

浅川　博忠

写真提供／時事通信フォト
講談社写真資料室

浅川博忠―1942年、東京生まれ。政治評論家。慶應義塾大学商学部卒業後、シンクタンク・産業計画会議研究員を経て独立。40年以上にわたり永田町取材を続けた。本書刊行間近の2017年２月に逝去。主な著書に『小説 角栄学校』『小説 池田学校』『自民党・ナンバー２の研究』『小泉純一郎とは何者だったのか』（いずれも講談社文庫）など。

講談社＋α文庫 裏切《うらぎ》り と嫉妬《しっと》の「自民党抗争史《じみんとうこうそうし》」

浅川博忠《あさかわひろただ》

2017年４月20日第１刷発行
2022年８月25日第３刷発行

発行者――鈴木章一
発行所――株式会社 講談社
東京都文京区音羽2-12-21 〒112-8001
電話 編集(03)5395-3522
販売(03)5395-4415
業務(03)5395-3615

デザイン――鈴木成一デザイン室
カバー印刷――凸版印刷株式会社
印刷――株式会社新藤慶昌堂
製本――株式会社国宝社

KODANSHA

落丁本·乱丁本は購入書店名を明記のうえ、小社業務あてにお送りください。
送料は小社負担にてお取り替えします。
なお、この本の内容についてのお問い合わせは
第一事業局企画部「＋α文庫」あてにお願いいたします。
Printed in Japan ISBN978-4-06-281712-7
定価はカバーに表示してあります。